冷凍でおいしくなる！
かんたん作りおき
Premium《プレミアム》

倉橋利江

＊目次

PART 1
下味冷凍おかず ... 6

鶏肉

豚肉

牛肉

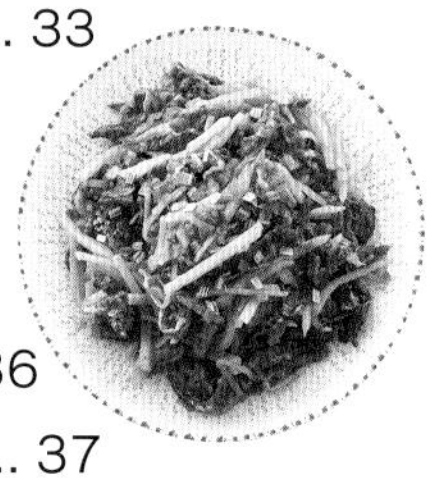

魚介

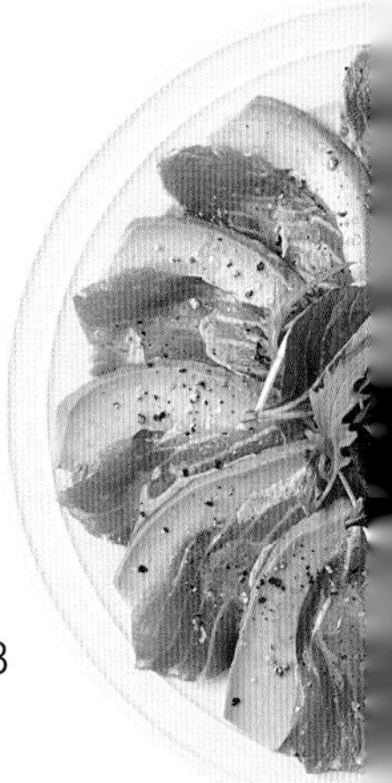

PART 2
ごはん・めんのコンテナ冷凍 ... 64

冷凍ごはん

Column ①
冷凍おにぎり

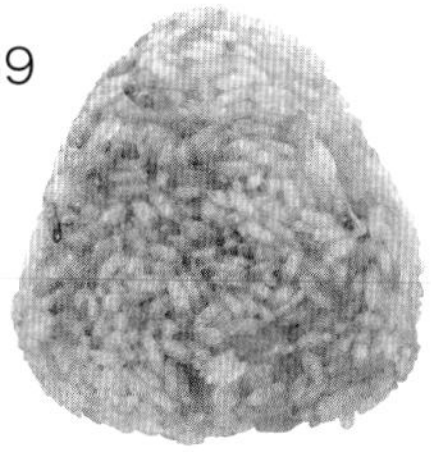

冷凍めん

Column ②
冷凍トースト

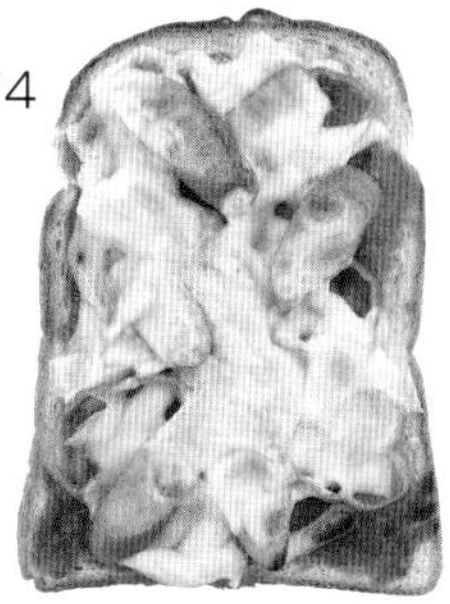

PART 3

肉

魚介

野菜

豆製品・乾物

Column ③
冷凍デザート

冷凍でおかずはおいしくなる！

保存のために冷凍する。
忙しい日のために冷凍する。
冷凍はとっても便利です。

でも、それだけじゃもったいない！
**おかずを「おいしくする」ためにも、
冷凍は使えます。**

スーパーでお買い得品のお肉やお魚をゲットしたら、
かんたんな下味をつけて、保存袋にイン！　いったん冷凍しましょう。

そのまま食べるより、ぐっとおいしく変身します。
豚肉や鶏肉はしっとりジューシーに！
ちょっとかための赤身っぽいステーキ肉もやわらかに！
鮭やかじきなどのお魚も臭みもなくふっくら！

これこそが、下味冷凍のだいご味だと思います。
忙しくても、物価高でも、
おうちで手軽に、おいしいものを食べましょう。

時短やかんたん、だけじゃない。
いつものおかずをワンランク上の味にする、
本書の「**プレミアムな下味冷凍**」を味わってください。

レシピ作家　倉橋利江

＊プレミアム冷凍3つのススメ＊

**本書では、3つの便利でおいしい冷凍テクを使い分けることで、
どんなシーン、ライフスタイルにも対応できるようになっています。**

1 極上！下味冷凍で「メインおかず」は決まり！

お肉やお魚を、ごくかんたんな調味料や、つけ合わせの野菜といっしょに保存袋につめて冷凍します。**冷凍している間に素材にしっかりと味がしみて、おいしさが増します。**食べるときは、フライパンかレンチンで短時間調理すればOK。冷凍することで、火の通りや味のしみ込みも早くなります。

豚肉とにらのスタミナ丼
（P.31）

鮭の塩ヨーグルト漬け焼き
（P.45）

2 「ごはんゃめん類」はコンテナ冷凍が超便利！

えびのカラフルピラフ
（P.65）

なすの
ガーリックトマトパスタ（P.70）

スーパーでよく見かけるパスタや炒飯などの冷凍食品。**あの便利さを、おうちでかんたんに、おいしく再現**できちゃいます。パスタは乾めんのままでOK、お肉や野菜も切るだけ。調味料と一緒にすべてコンテナに入れて冷凍しておきましょう。食べるときはコンテナごと電子レンジでチン！

3 「副菜」ゃ「お弁当」にはやっぱり冷凍作りおき！

作っておいてチンするだけの冷凍おかずです。お肉やお魚、野菜や豆製品など、**冷凍してもおいしさが変わらないおかず**を、バランスよくご紹介しています。メインおかずは下味冷凍おかずにして、副菜やお弁当は冷凍作りおきにしてはどうでしょう。

チーズ in ハンバーグ
（P.78）

パプリカの和風マリネ
（P.88）

本書のきまり

＊ 分量はPART1「下味冷凍おかず」は1袋が2～3人分、PART2「ごはん・めんのコンテナ冷凍」は1人分、PART3「冷凍作りおきおかず」は4～6人分が目安です。
＊ 大さじ1は15mℓ、小さじ1は5mℓ、1カップは200mℓです。
＊ 特に記載がない場合は、しょうゆは濃口しょうゆ、塩は自然塩、砂糖は上白糖、みそは信州みそ、酢は米酢、オリーブオイルはエクストラバージンオイル、バターは有塩バター、生クリームは乳脂肪分35％以上のもの、豆乳は無調整タイプ、マヨネーズは卵黄タイプを使用しています。
＊ 野菜類で特に記載がない場合は、「洗う、皮をむく、へたと種を除く」などの下処理をすませてからの手順で説明しています。
＊ 火加減で特に記載がない場合は中火です。
＊ 電子レンジの加熱時間は600Wで算出しています。500Wの場合はその1.2倍、700Wの場合はその0.8倍で加減してください。
＊ 電子レンジで解凍する場合は、電子レンジの解凍機能を使うか、100～200Wに設定し、短めの加熱時間で解凍するようにしてください。
＊ オーブントースターは1300W、魚焼きグリルは両面焼きを使用しています。
＊ 火加減、調理時間、解凍時間、保存期間はあくまでも目安です。様子をみながら調整してください。

ねぎだれがたまらない！

鶏肉のねぎまみれ炒め

冷凍でおいしさアップ

塩だれをもみ込んだ鶏肉と長ねぎを一緒に冷凍！ 長ねぎの風味が鶏肉に移って、食欲が止まらないほどの絶品に仕上がります。

材料（1袋分）

鶏もも肉 … 1枚（300g）

長ねぎ（斜め薄切り）… 1本

A
- 鶏ガラスープの素 … 大さじ½
- 塩 … 小さじ½
- こしょう … 少々
- 酒 … 大さじ1
- ごま油 … 大さじ1

作り方

1 鶏肉は余分な脂肪を取り除く。ひと口大に切って厚みがある部分は包丁で開く。

2 保存袋にAと1を入れ、袋の上からよくもみ混ぜる。長ねぎも入れ、空気を抜いて冷凍する。

食べるときは 半解凍

フライパンにサラダ油大さじ1（分量外）を引き、鶏肉の皮目を下にして入れ、その上に長ねぎをのせる。中火で熱して温まってきたら、ふたをして弱めの中火でときどき返しながら8～9分蒸し焼きにする。ふたを取り、火を強めて汁けをとばしながら1～2分炒める。

保存 冷凍で2週間

Point!

長ねぎは鶏肉の上にのせて蒸し焼きに！ 鶏肉の皮目にこんがり焼き色がついたら裏返して。

冷凍で
おいしさ
アップ

しょうがもにんにくも使わずに驚きのコクを実現。かつおのうまみとジューシーさに感動！

保存 冷凍で2週間

とびっきりのおいしさ！

鶏のだしから揚げ

材料（1袋分）

鶏もも肉…大1枚（350g）

A
- しょうゆ…大さじ2
- 酒…大さじ1
- かつお節…1パック（3g）

作り方

1 鶏肉は余分な脂肪を取り除き、9～10等分に切る。

2 保存袋にAと1を入れて袋の上からよくもみ混ぜ、空気を抜いて冷凍する。

食べるときは 全解凍

鶏肉の汁けをきり、片栗粉大さじ5（分量外）を全体にまぶす。フライパンにサラダ油を高さ2㎝ほど注いで170℃に熱し、鶏肉の皮目を下にして入れる。ときどき返しながら3～4分揚げ、最後に強火で1分揚げ、油をよくきる。お好みでレタスを添える。

おろししょうがが決め手

鶏肉と小松菜のめんつゆマヨソテー

材料（1袋分）

鶏もも肉…小2枚（400g）

小松菜（4cm長さに切る）…½把（100g）

A
- しょうが（すりおろし）…1かけ
- めんつゆ（3倍濃縮）…大さじ2
- マヨネーズ…大さじ2
- 塩、こしょう…各適量

作り方

1 鶏肉は余分な脂肪を取り除き、厚い部分を包丁で平らに開き、フォークで全体を刺す。

2 保存袋にAと1を入れ、袋の上からよくもみ混ぜる。小松菜も入れ、空気を抜いて冷凍する。

食べるときは 半解凍

フライパンにサラダ油大さじ1（分量外）を引き、鶏肉の皮目を下にして入れる。中火で熱して温まってきたら、水大さじ1（分量外）を加え、ふたをして弱めの中火で両面を5〜6分ずつ蒸し焼きにする。焼き上がり1分前にフライパンの空いたところで小松菜を炒める。

保存 冷凍で2週間

冷凍で
かんたん
&時短

めんつゆ&マヨネーズの万能コンビを鶏肉にもみ込んで冷凍！ お肉の中までじっくり味がしみ込みます。

冷凍で
おいしさ
アップ

鶏肉にオイスターソースとナンプラーをもみ混ぜて冷凍します。レストランみたいな丼が即完成！

保存 冷凍で2週間

野菜の歯ごたえも彩りも◎

鶏肉とパプリカのガパオ風炒め

材料（1袋分）

鶏もも肉 … 1枚（300g）

パプリカ（赤・2㎝角に切る）… 1個

A
- にんにく（みじん切り）… ½かけ
- オイスターソース … 大さじ1
- 酒 … 大さじ1
- ナンプラー … 大さじ½
- 砂糖 … 小さじ1
- 一味唐辛子 … 小さじ¼

作り方

1 鶏肉は余分な脂肪を取り除き、2㎝角に切る。

2 保存袋にAと1を入れ、袋の上からよくもみ混ぜる。パプリカも入れ、空気を抜いて冷凍する。

食べるときは 半解凍

フライパンにサラダ油大さじ1（分量外）を引き、鶏肉を入れる。中火で熱して温まってきたら、ふたをして弱めの中火でときどき返しながら6～7分蒸し焼きにする。パプリカを加え、火を強めて汁けをとばしながら1～2分炒め合わせる。器にお好みで温かいごはんをよそってのせ、ちぎったバジルをちらす。

大鍋で作ったみたい!

鶏肉と根菜の筑前煮風

材料（1袋分）

鶏もも肉 … 1枚（300g）

れんこん（8mm厚さの半月切り）… 1節（180g）

にんじん（8mm厚さの輪切り）… ½本

A
- しょうゆ … 大さじ2
- みりん … 大さじ1½
- 砂糖 … 小さじ1

作り方

1 鶏肉は余分な脂肪を取り除き、ひと口大に切る。れんこんは水にさらして水けをきる。

2 保存袋にAと鶏肉を入れ、袋の上からよくもみ混ぜる。れんこん、にんじんも入れ、空気を抜いて冷凍する。

食べるときは 半解凍

鍋に袋の中身、水¼カップ（分量外）を入れ、中火にかける。煮立ったら落としぶたをしてふたもして、弱火でときどき混ぜながら10～12分蒸し煮にする。ふたを取り、火を強めて汁けをとばしながら2分煮つめる。

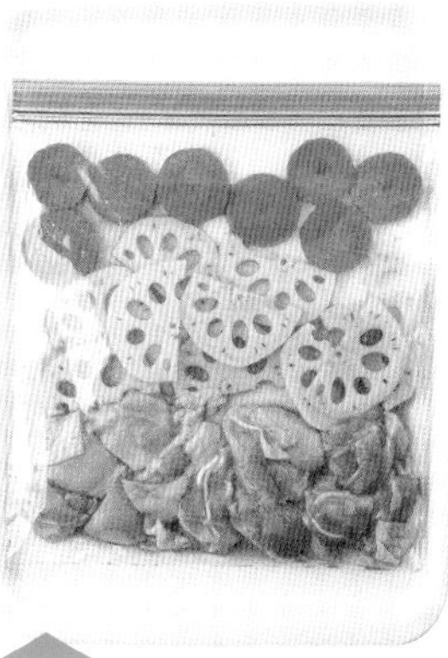

保存 冷凍で2週間

冷凍で かんたん&時短

冷凍している間に、鶏肉にも根菜にも味がよくしみ込むので短時間でおいしい煮物ができます。

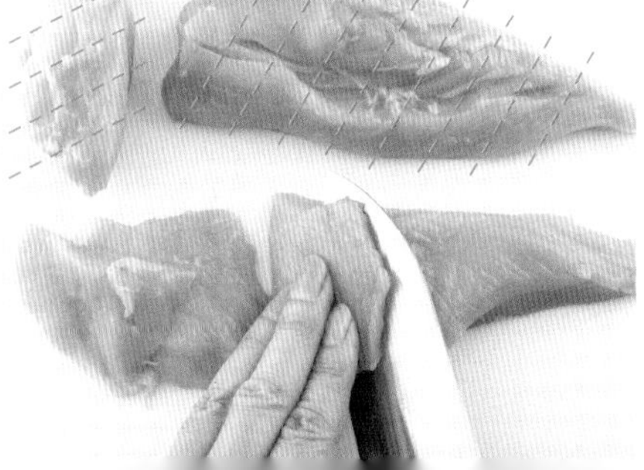

Point!

鶏むね肉はまず、写真のように
3つに切り、繊維を断つように
してそぎ切りにするといっそう
やわらかな食感になります。

冷凍でおいしさアップ

鶏むね肉はマヨネーズと片栗粉をしっかりもみ込んでから冷凍します。加熱してもパサつかず、トロリとなめらかに仕上がります。

ごはんが進むしっかり味

鶏肉のガーリックしょうゆ焼き

材料（1袋分）

鶏むね肉 … 1枚（300g）

A
- にんにく（すりおろし）… 1かけ
- しょうゆ … 大さじ$1\frac{1}{2}$
- マヨネーズ … 大さじ$1\frac{1}{2}$
- 酒 … 大さじ1
- 片栗粉 … 大さじ1

作り方

1 鶏肉は皮を取り除き、8㎜厚さのそぎ切りにする。

2 保存袋にAと1を入れて袋の上からよくもみ混ぜ、空気を抜いて冷凍する。

食べるときは 半解凍

フライパンにサラダ油大さじ1（分量外）を引き、鶏肉をほぐしながら入れる。中火で熱して温まってきたら、ふたをして弱めの中火でときどき返しながら7～8分蒸し焼きにする。

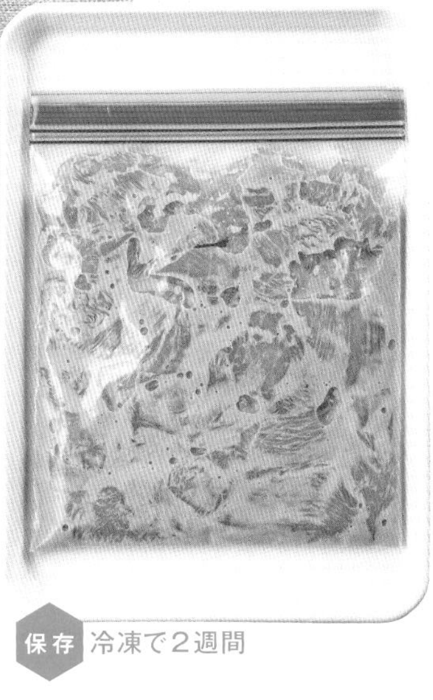

保存 冷凍で2週間

冷凍で
おいしさ
アップ

淡泊な鶏むね肉はマヨネーズと砂糖でコーティングして冷凍。しっとりジューシーな仕上がりに。

保存 冷凍で2週間

さわやかなレモン風味

鶏肉のレモンマヨ炒め

材料（1袋分）

鶏むね肉 … 1枚（300g）

アスパラガス（4cm長さに切る）… 5本

A
- マヨネーズ … 大さじ3
- レモン汁 … 大さじ1½
- 鶏ガラスープの素 … 大さじ1
- 薄力粉 … 大さじ1
- 砂糖 … 小さじ½

作り方

1 鶏肉は皮を取り除き、1cm厚さのそぎ切りにしてから棒状に切る。

2 保存袋にAと1を入れ、袋の上からよくもみ混ぜる。アスパラガスも入れ、空気を抜いて冷凍する。

食べるときは 半解凍

フライパンにサラダ油大さじ1（分量外）を引き、鶏肉をほぐしながら入れる。中火で熱して温まってきたら、ふたをして弱めの中火でときどき返しながら7～8分蒸し焼きにする。ふたを取り、アスパラガスを加えて火を強め、汁けをとばしながら1～2分炒め合わせる。

絶対にやみつきになっちゃう！

鶏肉の塩麹明太漬け焼き

材料（1袋分）

鶏むね肉 … 小2枚（400g）

A
- 辛子明太子（薄皮から身をこそげ出す） … 30g
- 塩麹 … 大さじ2
- オリーブオイル … 大さじ2

作り方

1 鶏肉は包丁で厚みを開いて観音開きにし、フォークで全体を刺す。

2 保存袋にAと1を入れて袋の上からよくもみ混ぜ、空気を抜いて冷凍する。

食べるときは 半解凍

フライパンに鶏肉の皮目を下にして入れ、袋の調味料も入れる。中火で熱して温まってきたら水大さじ1（分量外）を加え、ふたをして弱めの中火で上下を返しながら10～12分蒸し焼きにする。器に盛り、お好みでレタスと青じそのせん切りを添える。

保存 冷凍で2週間

冷凍でおいしさアップ

塩麹と明太子でかんたんオイル漬け！ 蒸し焼きにするだけでやわらかなチキンステーキが完成！

青のり風味が新鮮

鶏肉の和風コンソメ焼き

材料（1袋分）

鶏むね肉…1枚（300g）

ミニトマト…4個

A
- 顆粒コンソメスープの素…小さじ2
- 砂糖…小さじ½
- 酢…小さじ1
- 青のり粉…小さじ1
- ごま油…大さじ2

作り方

1 鶏肉は皮を取り除き、1cm厚さのそぎ切りにする。

2 保存袋にAと1を入れ、袋の上からよくもみ混ぜる。ミニトマトも入れ、空気を抜いて冷凍する。

食べるときは 半解凍

フライパンに鶏肉をほぐしながら入れる。中火で熱して温まってきたら、ふたをして弱めの中火でときどき返しながら7〜8分蒸し焼きにする。ふたを取り、ミニトマトを加えて2〜3分焼く。

保存 冷凍で2週間

冷凍でおいしさアップ

味がしみにくい鶏むね肉もコンソメの素と酢を使って冷凍すれば、パンチのある大満足な1品に！

冷凍で
かんたん
＆時短

ヨーグルトの漬けだれで下味冷凍！ まるで何時間もじっくり煮込んだようなコクまろのひと皿です。

保存 冷凍で２週間

＼トマトは冷凍するとうまみ倍増！／

バターチキンカレー

材料（1袋分）

鶏むね肉… 1枚（300g）

玉ねぎ（薄切り）… $\frac{1}{2}$個

トマト（ざく切り）… 1個

A
- にんにく、しょうが（すりおろし）… 各$\frac{1}{2}$かけ
- プレーンヨーグルト… 大さじ4
- トマトケチャップ… 大さじ3
- 薄力粉… 大さじ2
- カレー粉… 大さじ1
- 塩… 小さじ1
- 砂糖… 小さじ1

バター… 10g

作り方

1 鶏肉は皮を取り除き、1㎝厚さのそぎ切りにする。

2 保存袋にAを入れて袋の上からよくもみ混ぜ、1と玉ねぎも入れてさらにもみ混ぜる。トマト、バターを入れ、空気を抜いて冷凍する。

食べるときは 半解凍

フライパンに袋の中身、牛乳$\frac{1}{2}$カップ（分量外）を入れる。中火にかけて温まってきたら、ふたをして弱めの中火でときどき混ぜながら10～12分蒸し煮にする。器に盛り、お好みでパンを添える。

冷凍で
おいしさ
アップ

鶏手羽中は骨にそって切り込みを入れてから冷凍すると、味がよくしみるうえに食べやすさもアップ！

保存 冷凍で2週間

食べる手が止まらない！

鶏手羽中のうま塩焼き

材料（1袋分）

鶏手羽中 … 20本

A
- しょうが（すりおろし）… 1かけ
- ごま油 … 大さじ2
- 鶏ガラスープの素 … 大さじ1
- 酒 … 大さじ1

作り方

1 鶏手羽中は水けをふき、骨にそって切り込みを入れる。

2 保存袋にAと1を入れて袋の上からよくもみ混ぜ、空気を抜いて冷凍する。

食べるときは 半解凍

フライパンに鶏手羽中をほぐして皮目が下になるように入れる。中火で熱して全体に軽く焼き色がついたら、ふたをして弱めの中火で両面を4～5分ずつ蒸し焼きにする。ふたを取り、火を強めて汁けをとばす。

驚くほど味がしみしみ!

鶏手羽中と大根のポン酢煮

材 料(1袋分)

鶏手羽中…12本

大根(7㎜厚さの半月切り)

…4～5㎝(200～250g)

A ポン酢しょうゆ…大さじ3

酒…大さじ1

砂糖…大さじ1

にんにく(半割りにしてつぶす)…1かけ

保存 冷凍で2週間

作り方

1 鶏手羽中は水けをふき、骨にそって切り込みを入れる。

2 保存袋にAと1を入れ、袋の上からよくもみ混ぜる。大根、にんにくも入れ、空気を抜いて冷凍する。

食べるときは **半解凍**

フライパンに袋の中身、水$\frac{1}{4}$カップ(分量外)入れて中火にかける。煮立ったらふたをして弱めの中火でときどき混ぜながら10～12分蒸し煮にする。ふたを取り、火を強めて煮からめる。器に盛り、お好みで白髪ねぎを添える。

冷凍でかんたん&時短

ポン酢しょうゆで下味冷凍! 10分ほど煮るだけで鶏肉も大根もホロッとやわらかくなります。

シャキシャキの野菜もうれしい

豚バラと豆苗の豆乳めんつゆ煮

材料（1袋分）

豚バラ薄切り肉…200g

豆苗（3等分の長さに切る）…1パック

A
- しょうが（すりおろし）…1かけ
- すりごま（白）…大さじ3
- めんつゆ（3倍濃縮）…大さじ3
- 鶏ガラスープの素…大さじ½
- 片栗粉…小さじ1

作り方

1 豚肉は5㎝長さに切る。

2 保存袋にAと1を入れ、袋の上からよくもみ混ぜる。豆苗も入れ、空気を抜いて冷凍する。

食べるときは 半解凍

フライパンにごま油小さじ2（分量外）を引き、袋の中身、無調整豆乳¾カップ（分量外）を入れて中火にかける。温まってきたら、ふたをして弱めの中火でときどき混ぜながら7～8分蒸し煮にする。

保存 冷凍で2週間

冷凍でおいしさアップ

めんつゆとすりごまのタッグは最強！ 冷凍しても歯ごたえが残る豆苗とも相性抜群！

冷凍で
かんたん
＆時短

薄切り肉を重ねたボリューム満点のとろけるひと皿。絶品下味パワーでお肉のうまみもアップします。

保存 冷凍で２週間

お肉の脂でおいしくなる！

重ね豚バラと白菜の塩煮

材料（1袋分）

豚バラ薄切り肉 … 8枚（200g）
白菜（ざく切り）… 300g
塩、こしょう … 各少々
薄力粉 … 小さじ2

A
- にんにく（すりおろし）… ½かけ
- 酒 … 大さじ2
- 塩 … 小さじ½
- 鶏ガラスープの素 … 小さじ½
- 砂糖 … ふたつまみ
- ごま油 … 大さじ1

作り方

1 豚肉は塩、こしょうをふり、1枚ずつ重ねて6～8等分に切る。手で握るようにして肉どうしをくっつけ、薄力粉をまぶす。

2 保存袋にAを入れて混ぜ、1を加えてくずさないようになじませる。白菜も入れ、空気を抜いて冷凍する。

食べるときは 半解凍

フライパンに袋の中身を入れ、中火にかける。温まってきたらふたをして弱めの中火でときどき豚肉を返しながら10～12分蒸し煮にする。

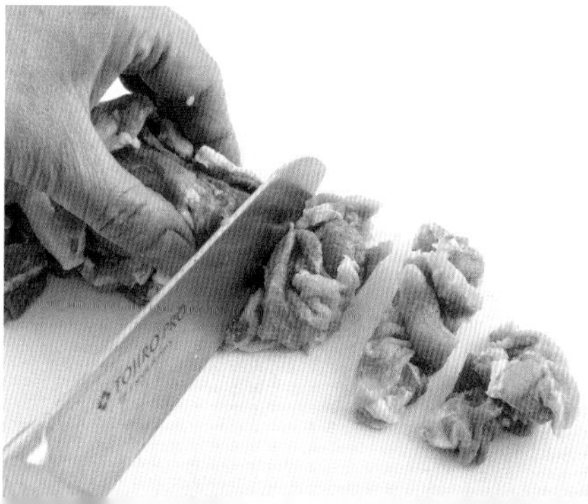

Point!

豚切り落とし肉は味ムラをなくすために、2㎝幅くらいに切ってから下味冷凍します。

甘じょっぱさが後を引く！

薄切り肉 de ルーロー飯

冷凍で
おいしさアップ

冷凍するとうまみが増すしいたけと合わせて、台湾B級グルメの丼に。お値打ちの切り落とし肉でも絶品です。

材料（1袋分）

豚切り落とし肉…250g

しいたけ（薄切り）…5個

A
- しょうが（みじん切り）…$\frac{1}{2}$かけ
- 酒…大さじ3
- しょうゆ…大さじ2
- オイスターソース…大さじ$1\frac{1}{2}$
- 砂糖…大さじ$\frac{1}{2}$
- 酢…大さじ1
- 五香粉《ウーシャンフェン》（お好みで）…小さじ$\frac{1}{4}$

作り方

1 豚肉は2cm幅に切る。

2 保存袋にAと1、しいたけを入れて袋の上からよくもみ混ぜ、空気を抜いて冷凍する。

食べるときは 半解凍

フライパンにごま油大さじ1（分量外）を引き、袋の中身を入れる。中火で熱して温まってきたら、ふたをして弱めの中火でときどきほぐしながら6〜7分蒸し煮にする。ふたを取り、火を強めて煮からめる。器にお好みで温かいごはんをよそってのせ、ゆで卵、ゆでチンゲン菜を添える。

保存 冷凍で2週間

冷凍で おいしさアップ

うまみ代わりになるザーサイを豚肉にしっかりなじませて冷凍。絶妙な味わいに！

保存 冷凍で2週間

長いものホクホク感もキープ

豚肉と長いもの中華炒め

材料（1袋分）

豚切り落とし肉 … 200g

長いも（1㎝角×4㎝長さに切る）

… 200g

A
- ザーサイ（味つき・粗く刻む）… 50g
- 酒 … 大さじ1
- 鶏ガラスープの素 … 大さじ½
- ごま油 … 大さじ1
- 片栗粉 … 小さじ1

作り方

1. 豚肉は2㎝幅に切る。
2. 保存袋にAと1を入れ、袋の上からよくもみ混ぜる。長いもも入れ、空気を抜いて冷凍する。

食べるときは 半解凍

フライパンにサラダ油大さじ1（分量外）を引き、袋の中身を入れる。中火で熱して温まってきたら、ふたをして弱めの中火でときどきほぐしながら6〜7分蒸し焼きにする。ふたを取り、汁けをとばしながら炒める。

＼カレー風味でスパイシー！／

豚肉とにらのスタミナ丼

材料（1袋分）

豚切り落とし肉…250g

にら（5㎝長さに切る）…1束

A
- 焼き肉のたれ（中辛）…大さじ3
- 酒…大さじ2
- しょうゆ…大さじ2
- カレー粉…小さじ1弱
- 片栗粉…小さじ1

保存 冷凍で2週間

作り方

1 豚肉は2㎝幅に切る。

2 保存袋にA、1を入れ、袋の上からよくもみ混ぜる。にらも入れ、空気を抜いて冷凍する。

食べるときは **半解凍**

フライパンにサラダ油大さじ1（分量外）を引き、豚肉を入れる。中火で熱して温まったら、水大さじ1（分量外）を加え、ふたをして弱めの中火でときどきほぐしながら6～7分蒸し焼きにする。ふたを取り、にらを加えて火を強め、1分炒め合わせる。器にお好みでごはんをよそってのせる。

冷凍でかんたん&時短

特売の豚肉とにらで時短ミールキットが完成。焼き肉のたれとカレー粉でお手軽なのに驚きのうまさ！

まるでチャーシューのよう！

豚肉のやわらかレンチン照り焼き

材料（1袋分）

豚ロースとんかつ用肉…2枚

A
- にんにく（すりおろし）…½かけ
- しょうゆ…大さじ1½
- 酒…大さじ1½
- オイスターソース…大さじ1½
- はちみつ…大さじ½
- 片栗粉…小さじ1

作り方

1 豚肉は水けをふき、キッチンばさみで筋を切る。

2 保存袋にAと1を入れ、袋の上からよくもみ混ぜ、空気を抜いて冷凍する。

食べるときは 全解凍

耐熱容器に袋の中身を入れ、ふんわりとラップをかけて電子レンジで6～7分加熱し、そのまま1分おく（1枚なら同様に4分加熱してそのまま1分おく）。器に盛り、お好みで水菜のざく切りを添える。

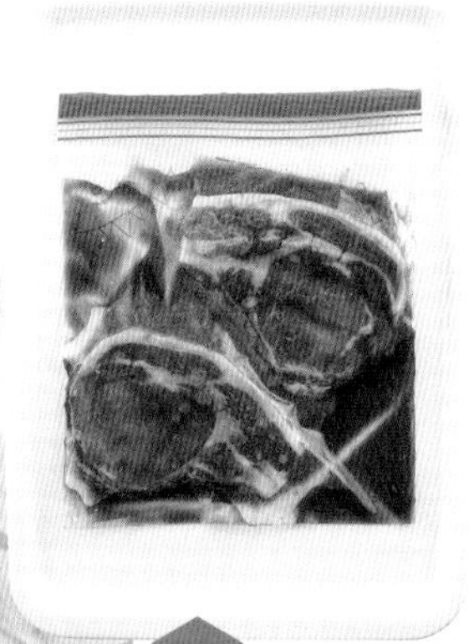

保存 冷凍で2週間

冷凍で かんたん＆時短

はちみつ入りの漬けだれの効果で、レンチンしても豚肉がかたくならず、ペロリといけちゃう！

冷凍で
おいしさ
アップ

分厚い豚肉もトマトケチャップと片栗粉でしっとりとやわらかに。冷めてもおいしい！

保存 冷凍で２週間

ごはんにもパンにも合う！

豚肉のめんつゆケチャップ炒め煮

材 料（１袋分）

豚ロースとんかつ用肉… ２枚
キャベツ（ざく切り）… ２枚

A
- めんつゆ（3倍濃縮）… 大さじ2
- トマトケチャップ … 大さじ1 ½
- 塩、こしょう… 各少々
- 片栗粉… 小さじ1

作り方

1 豚肉は水けをふき、2㎝幅に切る。
2 保存袋にAと1を入れ、袋の上からよくもみ混ぜる。キャベツも入れ、空気を抜いて冷凍する。

食べるときは 半解凍

フライパンにサラダ油大さじ1（分量外）を引き、豚肉を入れる。中火で熱して温まってきたらふたをし、弱めの中火でときどき返しながら6～7分蒸し焼きにする。ふたを取り、キャベツを加えて火を強め、1～2分煮つめる。

牛肉のやわらかさを堪能して

プルコギ

材料（1袋分）

牛切り落とし肉…200g

にんじん（4㎝長さの短冊切り）…½本

玉ねぎ（くし形切り）…½個

A
- にんにく（すりおろし）…½かけ
- しょうゆ…大さじ2½
- みりん…大さじ1
- 砂糖…小さじ½
- ごま油…大さじ1
- 片栗粉…小さじ1

作り方

1 牛肉はひと口大に切る。

2 保存袋にAと1を入れ、袋の上からよくもみ混ぜる。にんじん、玉ねぎも入れ、空気を抜いて冷凍する。

食べるときは 半解凍

フライパンにサラダ油大さじ1（分量外）を引き、牛肉を入れる。中火で熱して温まってきたら、ふたをして弱めの中火でときどきほぐしながら5～6分蒸し焼きにする。残りの野菜を加え、火を強めて汁けをとばしながら1～2分炒め合わせる。

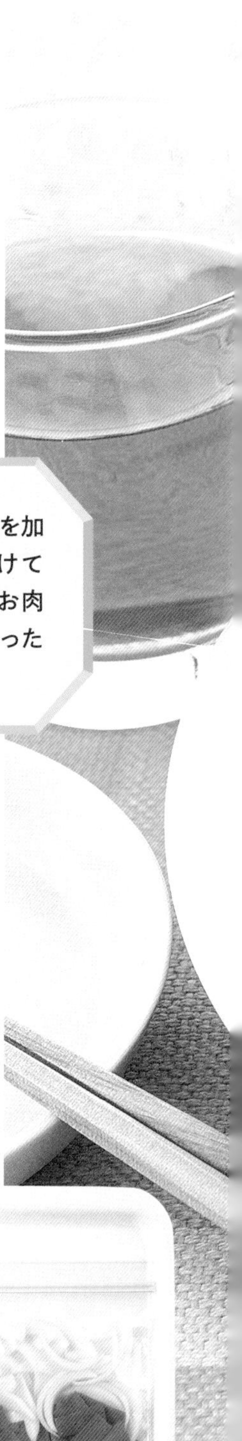

冷凍でおいしさアップ

牛肉は片栗粉を加えた甘辛だれに漬けて冷凍するのがコツ。お肉のランクが1つ上がったようなジューシーさ！

保存 冷凍で2週間

Point!

玉ねぎ、にんじんは後入れするのがコツ。やわらかくなりすぎず、ちょうどよい食感になります。

冷凍で
おいしさ
アップ

特売肉でお試しを！
にんにくと砂糖の効果でやわらかく、パンチの効いた味わいに。

保存 冷凍で２週間

おなかも心も満たす！

牛肉のガーリックペッパー炒め

材料（１袋分）

牛切り落とし肉…200g

コーン缶（缶汁をきる）…½缶（60g）

A
- にんにく（みじん切り）…１かけ
- 酒…大さじ2
- 塩…小さじ½
- 砂糖…小さじ¼
- 粗びき黒こしょう…小さじ¼〜⅓
- オリーブオイル…大さじ1

バター…10g

作り方

1 牛肉はひと口大に切る。

2 保存袋にAと1を入れ、袋の上からよくもみ混ぜ、コーンを加えて混ぜる。バターも入れ、空気を抜いて冷凍する。

食べるときは 半解凍

フライパンにバターを中火で熱し、袋の中身を入れる。温まってきたらふたをして弱めの中火でときどきほぐしながら5〜6分蒸し焼きにする。ふたを取り、火を強めて汁けをとばしながら1〜２分炒める。器にお好みで温かいごはんをよそってのせ、パセリのみじん切りをかける。

クリーミーさがたまらない!

牛肉とマッシュルームのクリーム煮

材料(1袋分)

牛切り落とし肉…200g

マッシュルーム(薄切り)…10個

A
- 塩…小さじ1弱
- こしょう…少々
- 薄力粉…大さじ1

生クリーム…½カップ

バター…10g

作り方

1 牛肉はひと口大に切る。

2 保存袋にAと1を入れ、袋の上からよくもみ混ぜ、生クリームを加えてなじませる。マッシュルーム、バターも入れ、空気を抜いて冷凍する。

食べるときは 半解凍

フライパンに袋の中身、牛乳1カップ(分量外)を入れ、中火にかける。煮立ったらふたをして弱めの中火でときどき混ぜながら6〜7分蒸し煮にする。器に盛り、お好みでパセリのみじん切りをかけ、粒マスタードを添える。

保存 冷凍で2週間

冷凍でおいしさアップ

牛肉に生クリームをなじませて下味冷凍。きのこのうまみとの相乗効果で超リッチな味わいに。

絶対にまた食べたくなる!

牛肉とじゃがいものコンソメマヨ炒め

材料(1袋分)

牛こま切れ肉…200g

じゃがいも(細切り)…2個

A
- 顆粒コンソメスープの素…大さじ1½
- マヨネーズ…大さじ1½
- 酒…大さじ1
- 塩、こしょう…各少々
- 片栗粉…小さじ1

作り方

1. じゃがいもは水にさらして水けをきる。
2. 保存袋にAと牛肉を入れ、袋の上からよくもみ混ぜる。1も入れ、空気を抜いて冷凍する。

食べるときは 半解凍

フライパンにサラダ油大さじ1(分量外)を引き、袋の中身を入れる。中火で熱して温まってきたら、ふたをして弱めの中火でときどきほぐしながら5～6分蒸し焼きにする。ふたを取り、火を強めて汁けをとばしながら1～2分炒める。器に盛り、お好みで刻み長ねぎをちらす。

保存 冷凍で2週間

冷凍でおいしさアップ

マヨ&コンソメの鉄板の味つけ! じゃがいもは細切りにすれば、舌触りもよくなります。

冷凍でおいしさアップ

塩麹でマリネした牛肉は本当に絶品！ 冷凍してもホクホク感があるズッキーニとマッチ。

保存 冷凍で2週間

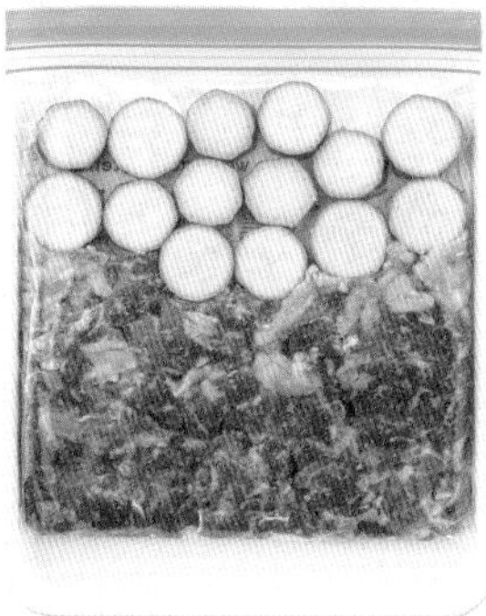

塩麹マジックにやみつき！

牛肉とズッキーニの塩麹マリネ炒め

材料（1袋分）

牛こま切れ肉 … 200g

ズッキーニ（1㎝厚さの輪切り）… 小1本

A
- しょうが（すりおろし）… ½かけ
- 塩麹 … 大さじ1½
- しょうゆ … 大さじ½
- こしょう … 少々
- オリーブオイル … 大さじ1

作り方

1 保存袋にAと牛肉を入れ、袋の上からよくもみ混ぜる。ズッキーニも入れ、空気を抜いて冷凍する。

食べるときは 半解凍

フライパンにサラダ油大さじ1（分量外）を引き、袋の中身を入れる。中火に熱して温まってきたら、ふたをして弱めの中火でときどきほぐしながら5～6分蒸し焼きにする。ふたを取り、火を強めて汁けをとばしながら1～2分炒める。

冷凍で
おいしさ
アップ

赤身が多くてかたそうなステーキ肉だって、みそマヨの下味冷凍で激変します。

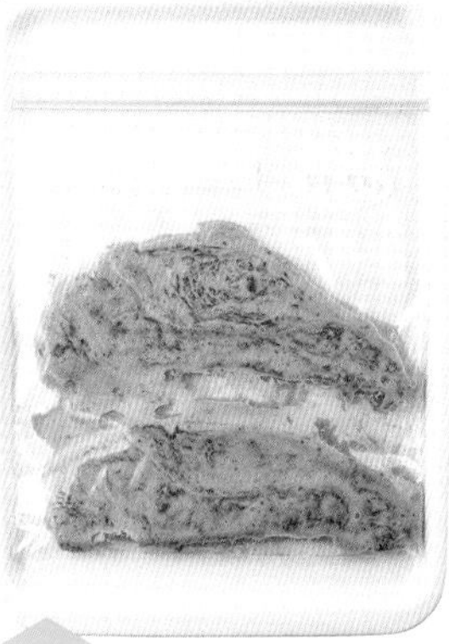

保存 冷凍で2週間

お値打ちステーキ肉が変身！

牛肉のみそマヨネーズ焼き

材料（1袋分）

牛赤身ステーキ用肉…2枚（300g）

A
- みそ…大さじ3
- マヨネーズ…大さじ2
- みりん…大さじ1
- 七味唐辛子（お好みで）…適量

作り方

1 牛肉は水けをふき、キッチンばさみで筋を切る。Aは混ぜ合わせる。

2 保存袋に1の牛肉を入れ、Aをぬりのばしてもみ込む。空気を抜いて冷凍する。

食べるときは 全解凍

牛肉は漬けだれをぬぐう。フライパンにくっつかないアルミホイルを敷き、弱火で片面ずつ4～5分焼く（または魚焼きグリルで6～7分焼く）。器に盛り、お好みでフリルレタスを添える。

うまみたっぷりのソースで！

牛肉の玉ねぎマリネステーキ

材料（1袋分）

牛赤身ステーキ用肉 …2枚（300g）
塩 …小さじ½
粗びき黒こしょう …適量

A
- 玉ねぎ（すりおろし・みじん切り）…各½個
- にんにく（すりおろし）…1かけ
- 赤ワイン …大さじ2
- しょうゆ …大さじ2
- みりん …大さじ2

作り方

1. 牛肉は水けをふき、キッチンばさみで筋を切る。塩、強めに粗びき黒こしょうをふり、10分おく。
2. 保存袋にAと1を入れ、袋の上からよくもみ込み、空気を抜いて冷凍する。

食べるときは 全解凍

フライパンにサラダ油大さじ1（分量外）を中火で熱し、漬け汁は残して牛肉だけ入れ、両面を2分ずつ焼いて器に盛る。フライパンに漬け汁、バター10g（分量外）を加え、とろみがつくまで煮つめて肉にかける。お好みでハムのポテサラ（P.89）、カットサラダ野菜を添える。

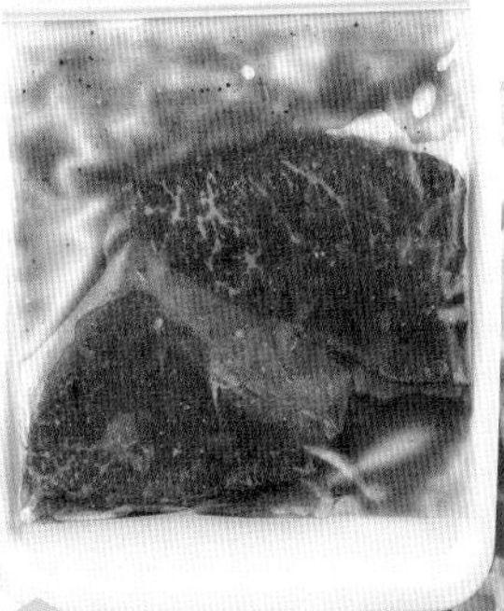

保存 冷凍で2週間

冷凍でおいしさアップ

玉ねぎをもみ込んで冷凍すれば、お値打ちの牛肉が極上のステーキに。まさにプレミアム！

食べたいのはこんな味!

鮭と野菜の照り焼き

材料（1袋分）

生鮭…3切れ

ピーマン（乱切り）…2個

長ねぎ（2cm長さに切る）…½本

A
- しょうゆ…大さじ1½
- 酒…大さじ1
- みりん…大さじ1
- 砂糖…小さじ2

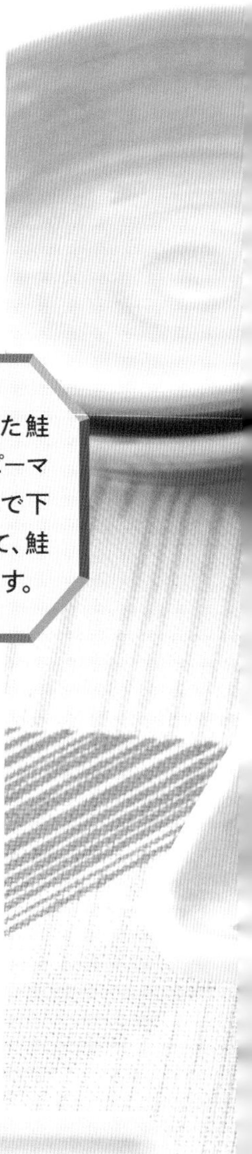

冷凍でおいしさアップ

まとめ買いした鮭は、長ねぎやピーマンと一緒に甘辛だれで下味冷凍。ふっくらとして、鮭のうまみが引き立ちます。

作り方

1 鮭は塩小さじ½（分量外）をふり、10分おいて水けをふく。骨を取り除いて1切れを半分に切る。

2 保存袋にAと1を入れ、袋の上から軽くもみ混ぜる。ピーマン、長ねぎも入れ、空気を抜いて冷凍する。

食べるときは 半解凍

フライパンにサラダ油大さじ1（分量外）、袋から鮭と野菜を取り出して入れる。弱めの中火で熱して温まってきたらふたをして弱火でときどき返しながら8〜10分蒸し焼きにする。ふたを取り、漬け汁を加えて火を強め、煮からめる。

保存 冷凍で2週間

Point!

漬け汁は最後に加えて鮭と野菜に煮からめると焦げにくくなります。

冷凍で
おいしさアップ

しょうがたっぷりのたれがしみて、食欲が増す味わいに。ぶりやかじきでもおいしい。

保存 冷凍で2週間

＼カリッ!フワ～!やみつき!／

鮭のサクサク竜田揚げ

材料（1袋分）

生鮭…3切れ

A
- しょうが（すりおろし）…1かけ
- しょうゆ…大さじ1½
- 酒…大さじ1

作り方

1 鮭は塩小さじ½（分量外）をふり、10分おいて水けをふく。骨を取り除いて1切れを3等分に切る。

2 保存袋にAと1を入れて袋の上から軽くもみ混ぜ、空気を抜いて冷凍する。

食べるときは 全解凍

鮭の汁けをきり、片栗粉大さじ4（分量外）をまぶす。フライパンにサラダ油を高さ2㎝ほど注いで170℃で熱し、鮭の皮目を下にして入れる。上下を返しながら3～4分揚げ、油をよくきる。器に盛り、お好みでレモンのくし形切りを添える。

どこまでもしっとり!

鮭の塩ヨーグルト漬け焼き

材 料（1袋分）

生鮭…2切れ

A
- プレーンヨーグルト…大さじ2
- オリーブオイル…大さじ1
- 塩…小さじ½
- 粗びき黒こしょう…適量

作り方

1 鮭は塩小さじ½（分量外）をふり、10分おいて水けをふき、骨を取り除く。

2 保存袋にAと1を入れて袋の上から軽くもみ混ぜ、空気を抜いて冷凍する。

食べるときは **半解凍**

フライパンにサラダ油大さじ1（分量外）を引き、漬けだれをぬぐった鮭を入れる。弱めの中火で熱して温まってきたら、ふたをして3～4分、裏返して3～4分蒸し焼きにする。お好みでスナップえんどう4さやを一緒に焼いて添える。

保存 冷凍で2週間

冷凍でおいしさアップ

鮭を塩ヨーグルトで冷凍すれば、パサつかずしっとり上質に仕上がります。

レンチン1回で完了！

塩鮭とキャベツのポン酢蒸し

材料（1袋分）

甘塩鮭…大2切れ

キャベツ（ざく切り）…2～3枚

A
- ポン酢しょうゆ…大さじ2
- 酒…大さじ1
- ごま油…大さじ1

作り方

1 鮭は水けをふき、骨を取り除く。

2 保存袋にAと1を入れ、袋の上から軽くもみ混ぜる。キャベツも入れ、空気を抜いて冷凍する。

食べるときは 半解凍

耐熱皿にキャベツを広げてその上に鮭をのせる。ふんわりとラップをかけ、電子レンジで9～10分加熱する。

保存 冷凍で2週間

冷凍で
おいしさアップ

ポン酢しょうゆとごま油で下味冷凍すれば、うまみが増していつもの甘塩鮭とは思えない！

冷凍で
おいしさ
アップ

ケチャップマヨの濃厚な漬けだれ。そのまま冷凍すると臭みが出やすい甘塩鮭にぴったり！

保存 冷凍で2週間

きのこのうまみも堪能できる！

塩鮭としめじのケチャップマヨ炒め

材料（1袋分）

甘塩鮭 …3切れ

しめじ（石づきを取り除いてほぐす）
…1パック

A
- にんにく（すりおろし）… ½かけ
- マヨネーズ … 大さじ2
- トマトケチャップ … 大さじ1½
- 片栗粉 … 小さじ1
- こしょう … 適量

作り方

1 鮭は水けをふき、骨を取り除いて3等分に切る。

2 保存袋にAを入れてよく混ぜ、1も入れて袋の上から軽くもみ混ぜる。しめじも入れ、空気を抜いて冷凍する。

食べるときは 半解凍

フライパンにサラダ油大さじ1（分量外）を引き、袋の中身、水大さじ2（分量外）を入れる。弱めの中火で熱して温まってきたら、ふたをして全体をときどき返しながら6〜7分蒸し焼きにする。ふたを取り、火を強めて汁けをとばしながら煮からめる。

Point!

ふつふつする火加減で煮立たせないよう、ふたをして蒸し煮にします。

冷凍で
おいしさ
アップ

水分が出やすいかじき。水けをしっかりふいてから漬けだれとなじませると、格段においしくなります。

まるでシチューのよう！

かじきとブロッコリーのクリーム煮

材料（1袋分）

かじき … 2～3切れ（200g）
ブロッコリー（小房に分ける）… ½株
スライスベーコン（縦半分に切ってから細切り）… 1枚
A
- にんにく（すりおろし）… ½かけ
- 顆粒コンソメスープの素 … 小さじ2
- 生クリーム … ½カップ
- 塩、こしょう … 各適量

バター … 10g

作り方

1 かじきは水けをふき、ひと口大に切る。
2 保存袋にAと1を入れ、袋の上から軽くもみ混ぜ、ベーコンを加えてざっと混ぜる。ブロッコリー、バターを入れ、空気を抜いて冷凍する。

食べるときは 半解凍

フライパンに袋の中身、牛乳¾カップ（分量外）を入れ、中火にかける。温まってきたらふたをして弱めの中火でときどき混ぜながら8～9分蒸し煮にする。

保存 冷凍で2週間

冷凍で
おいしさ
アップ

淡泊な味わいのかじきはパンチのあるオイマヨで下味冷凍。超しっとり&うまうま！

保存 冷凍で2週間

子どもでも食べやすい

かじきのオイマヨ炒め

材 料（1袋分）

かじき … 2～3切れ（200g）

しいたけ（縦4等分に切る）… 4個

A
- にんにく（すりおろし）… 1かけ
- オイスターソース … 大さじ$1\frac{1}{2}$
- マヨネーズ … 大さじ$1\frac{1}{2}$
- 酒 … 大さじ1
- 薄力粉 … 小さじ1

作り方

1 かじきは水けをふき、ひと口大に切る。

2 保存袋にAと1を入れ、袋の上から軽くもみ混ぜる。しいたけも入れ、空気を抜いて冷凍する。

食べるときは 半解凍

フライパンにサラダ油大さじ1（分量外）を引き、袋の中身を入れる。中火で熱して温まってきたら、水大さじ1（分量外）を加え、ふたをして弱めの中火でときどき返しながら6～7分蒸し焼きにする。ふたを取り、少し火を強めて汁けをとばしながら1～2分炒める。器に盛り、お好みで七味唐辛子をかける。

＼おいしすぎてクセになる！／

かじきの甘酢ねぎだれ蒸し

材料（1袋分）

かじき… 大2切れ

A
- 長ねぎ（小口切り）… ½本
- しょうゆ… 大さじ1½
- 酒… 大さじ2
- 酢… 大さじ1
- ごま油… 大さじ1
- 砂糖… 大さじ½

作り方

1 かじきは水けをふく。

2 保存袋にAと1を入れ、袋の上から軽くもみ混ぜ、空気を抜いて冷凍する。

食べるときは 半解凍

フライパンにサラダ油大さじ1（分量外）を引き、袋の中身を入れる。中火で熱して温まってきたら、ふたをして弱めの中火でときどき返しながら7～8分蒸し焼きにする。ふたを取り、火を強めて煮からめる。

保存 冷凍で2週間

冷凍でおいしさアップ

甘酢だれで冷凍すれば、酢とごま油の効果でかじきの臭みが消え、冷凍焼けもナシ！

うま辛でクリーミー！

たらとにらのキムチ煮

材料（1袋分）

生だら … 2切れ
白菜キムチ … 100g
にら（4cm長さに切る）… ½束
A
- ごま油 … 大さじ1
- 酒 … 大さじ½
- しょうゆ … 大さじ½
- みりん … 小さじ1
- 鶏ガラスープの素 … 小さじ½

作り方

1 たらは砂糖大さじ1（分量外）をふって15分おき、洗って水けをふき、半分に切る。
2 保存袋に白菜キムチ、Aを入れてもみ混ぜ、1を加えてやさしくなじませる。にらも入れ、空気を抜いて冷凍する。

食べるときは 半解凍

鍋ににら以外の袋の中身、水¼カップ（分量外）を入れ、中火にかける。煮立ったらふたをして弱めの中火で4～5分蒸し煮にする。にら、無調整豆乳¼カップ（分量外）を加え、煮立たせないように2分煮る。

保存 冷凍で2週間

冷凍で
おいしさアップ

あっさり味のたらをキムチと一緒に冷凍すれば、うまみがギュッと凝縮されます。

冷凍で
おいしさ
アップ

たらは粉チーズ入りのにんにくオイルで下味冷凍。生臭さがすっかり抜けて食べやすい！

保存 冷凍で2週間

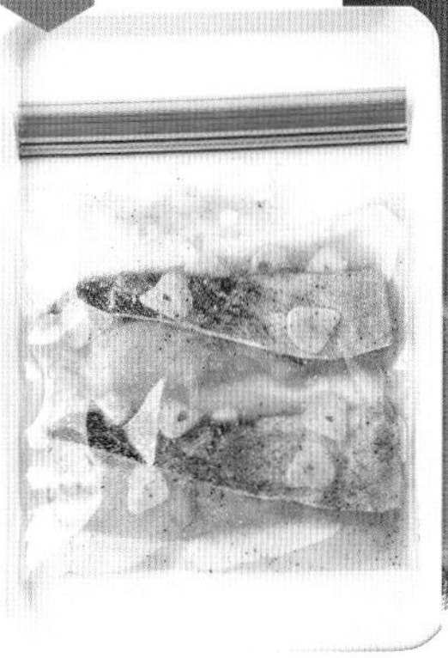

香ばしさがたまらない！

たらのうま塩ガーリック焼き

材料（1袋分）

生だら…2切れ

A
- にんにく（薄切り）…1かけ
- オリーブオイル…大さじ2
- 粉チーズ…大さじ1
- 塩…小さじ½
- 粗びき黒こしょう…適量

作り方

1 たらは砂糖大さじ1（分量外）をふって15分おき、洗って水けをふく。

2 保存袋にAを入れてもみ混ぜる。1を加えてやさしくなじませ、空気を抜いて冷凍する。

食べるときは 半解凍

フライパンに袋の中身を入れる。中火で熱して温まってきたら、ふたをして弱めの中火で両面を7〜8分蒸し焼きにする。器に盛り、お好みでサラダ菜を添える。

冷凍でおいしさアップ

パサつくと残念なぶりの炒めもの。焼き肉のたれで冷凍すると、ジュワッとうまみたっぷりに！

保存 冷凍で２週間

＼焼き肉のたれは魚にも合う！／

ぶりの焼き肉だれ炒め

材料（1袋分）

ぶり…3切れ

パプリカ（黄・乱切り）…½個

A
- にんにく（みじん切り）…½かけ
- 焼き肉のたれ（中辛）…大さじ2
- しょうゆ…大さじ1
- 酒…大さじ1
- 豆板醤《トウバンジャン》…小さじ1

作り方

1 ぶりは塩小さじ½（分量外）をふって10分おく。洗って水けをふき、ひと口大に切る。

2 保存袋にAと1を入れ、袋の上から軽くもみ混ぜる。パプリカも入れ、空気を抜いて冷凍する。

食べるときは 半解凍

フライパンにごま油大さじ1（分量外）を引き、袋の中身を入れる。ふたをして弱めの中火でときどき返しながら7～8分蒸し焼きにする。ふたを取り、少し火を強めて汁けをとばしながら1～2分炒める。

とろける味わいの万能だれ！

ぶりの中華風照り焼き

材料（1袋分）

ぶり…2切れ

A
- しょうゆ…大さじ1½
- 砂糖…大さじ1½
- ごま油…大さじ1½

しょうが（薄切り）…2枚

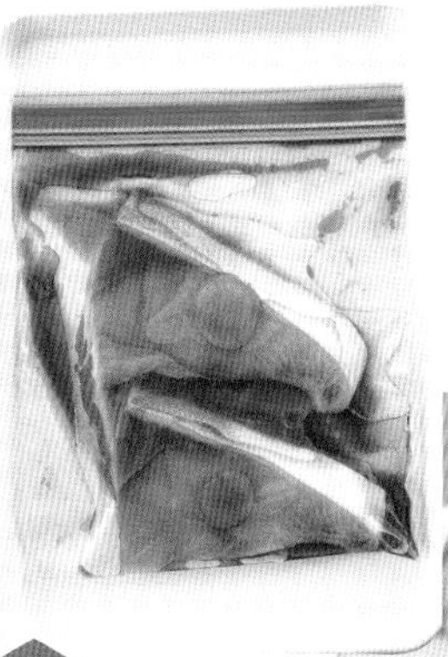

保存 冷凍で2週間

作り方

1 ぶりは塩小さじ½（分量外）をふって10分おき、洗って水けをふく。

2 保存袋にAと1を入れ、袋の上から軽くもみ混ぜ、しょうがを加えて空気を抜いて冷凍する。

食べるときは 半解凍

フライパンにサラダ油大さじ½（分量外）を引き、ぶりを入れる。温まってきたら水大さじ2（分量外）を加え、ふたをして弱めの中火でときどき返しながら6～7分蒸し焼きにする。ふたを取り、漬け汁を加えて火を強め、煮からめる。器に盛り、お好みで青じそを添える。

冷凍でおいしさアップ

ごま油入りの漬けだれなら、脂ののった最上級ぶりのようにふっくらしっとり仕上がります。

冷凍で
おいしさ
アップ

ポン酢しょうゆの効果でぶりの臭みがまったく気にならず、さわやかな風味が楽しめます。

保存 冷凍で２週間

繰り返し食べたくなる！

ぶりとエリンギのバタポン焼き

材料（１袋分）

ぶり…２切れ
エリンギ（長さを半分に切ってから縦半分に切る）…２本
A ポン酢しょうゆ…大さじ２$\frac{1}{2}$
A 酒…大さじ１
バター…10g

作り方

1 ぶりは塩小さじ$\frac{1}{2}$（分量外）をふって10分おき、洗って水けをふく。
2 保存袋にAと1を入れ、袋の上から軽くもみ混ぜる。エリンギ、バターも入れ、空気を抜いて冷凍する。

食べるときは 半解凍

フライパンにバターを中火で熱し、袋の中身を入れる。温まってきたら水大さじ１（分量外）を加え、ふたをして弱めの中火でときどき返しながら両面を７～８分蒸し焼きにする。

＼チーズとも相性抜群！／

かつおの中華漬け ポキ風

材料（1袋分）

かつお（刺身用）… 200g

A
- みりん（電子レンジで20秒加熱して冷ます）… 大さじ1
- しょうゆ… 大さじ1½
- ごま油… 大さじ½
- しょうが、にんにく（チューブ）… 各3cm

保存 冷凍で10日間

作り方

1 かつおはさっと洗って水けをふき、1.5～2cm角に切る。

2 保存袋にAを入れてもみ混ぜる。1を加えてやさしくなじませ、空気を抜いて冷凍する。

食べるときは 全解凍

袋の中身とお好みで1cm厚さに切ったモッツァレラチーズ1個（分量外）をあえる。器に盛り、青じそのせん切りをのせる。

※保存期間がすぎた場合は、フライパンでさっと焼くなどして加熱して食べてください。

冷凍でおいしさアップ

かつおは薬味と一緒に下味冷凍すれば、濃厚な味わいになり、鮮度もキープできます。

解凍すれば即、絶品丼に！

まぐろの漬け丼

材料（1袋分）

まぐろ（刺身用）… 200g

A
- みりん（電子レンジで20秒加熱して冷ます）… 大さじ$1\frac{1}{2}$
- しょうゆ … 大さじ2
- ゆずこしょう（チューブ）… 3cm

作り方

1 まぐろは水けをふき、1cm厚さのそぎ切りにする。

2 保存袋にAを入れてもみ混ぜる。1を加えてやさしくなじませ、空気を抜いて冷凍する。

食べるときは 全解凍

器にお好みで温かいごはんを盛り、袋の中身を漬け汁ごとのせ、刻みのり、小ねぎの小口切りを添える。

※保存期間がすぎた場合は、フライパンでさっと焼くなどして加熱して食べてください。

保存 冷凍で10日間

冷凍で おいしさアップ

お値打ちなまぐろは漬けにして冷凍！ ねっとり感が増して高級な味わいになります。

冷凍でおいしさアップ

塩と砂糖だけのかんたん下味冷凍。サーモンの身が締まり、うまみがグッと引き出されます。

保存 冷凍で2週間

超お手軽にランクアップ

サーモンのカルパッチョ

材料（1袋分）

サーモン（刺身用）…200g

A
- 塩…小さじ1
- 砂糖…小さじ1

作り方

1. サーモンは半分に切り、水けをふく。バットなどに移して混ぜ合わせたAを全体にまんべんなくまぶし、冷蔵庫で4時間ほどおく。
2. 1の水けをとり、ラップでぴっちりと包む。保存袋に入れ、空気を抜いて冷凍する。

食べるときは 全解凍

サーモンは食べやすい大きさに切り、お好みでアボカド1個を切って盛り合わせ、ベビーリーフを添える。お好みでオリーブオイル大さじ1、レモン汁大さじ$\frac{1}{2}$、塩、粗びき黒こしょう各適量をかける。

※保存期間がすぎた場合は、フライパンでさっと焼くなどして加熱して食べてください。

冷凍で
おいしさ
アップ

えびを片栗粉入りのマヨネーズだれで冷凍すれば、加熱してもプリプリの食感をキープ。

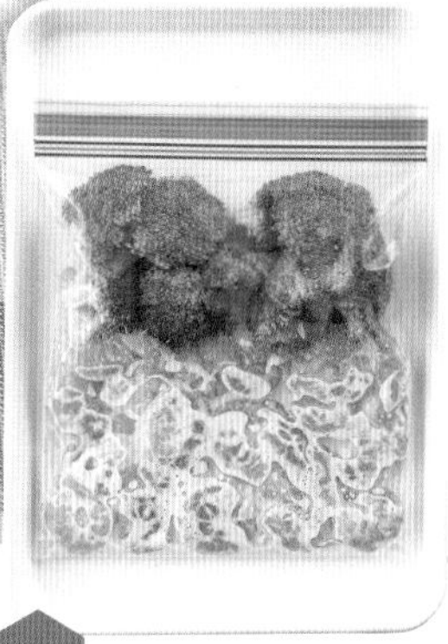

保存 冷凍で2週間

めんつゆをちょい足し！

えびとブロッコリーのマヨ炒め

材料（1袋分）

むきえび …12～14尾（200g）

ブロッコリー（小房に分ける）… ½株

A
- にんにく（みじん切り）… ½かけ
- マヨネーズ … 大さじ3
- めんつゆ（3倍濃縮）… 小さじ1
- 塩 … 小さじ¼
- こしょう … 少々
- 片栗粉 … 小さじ1

作り方

1 えびは背わたがあれば取り、塩適量（分量外）をふってもみ込み、水で洗って水けをきる。

2 保存袋にAを入れてもみ混ぜ、1を加えて袋の上からもんでなじませる。ブロッコリーも入れ、空気を抜いて冷凍する。

食べるときは 半解凍

フライパンに袋の中身を入れる。中火で熱して温まってきたら、ふたをして弱めの中火でときどき混ぜながら6～7分蒸し焼きにする。ふたを取り、火を強めて汁けをとばす。

冷凍すると濃厚に!

えびとしめじのトマト煮

材料(1袋分)

むきえび … 12〜14尾(200g)
しめじ(小房に分ける)… 1パック

A
- トマト水煮缶 … ½缶(200g)
- にんにく(みじん切り)… ½かけ
- オリーブオイル … 大さじ2
- 顆粒コンソメスープの素 … 大さじ1
- 砂糖 … 小さじ1
- 塩、こしょう … 各少々
- 薄力粉 … 大さじ2

作り方

1 えびは背わたがあれば取り、塩適量(分量外)をふってもみ込み、水で洗って水けをきる。

2 保存袋にAを入れてもみ混ぜ、1を加えて袋の上からもんでなじませる。しめじも入れ、空気を抜いて冷凍する。

食べるときは 半解凍

フライパンに袋の中身を入れ、中火にかける。温まってきたら、ふたをして弱めの中火でときどき混ぜながら5〜6分蒸し煮にする。ふたを取り、火を強めてとろみがつくまで煮る。器に盛り、お好みで粉チーズをかける。

保存 冷凍で2週間

冷凍でおいしさアップ

トマト水煮は冷凍すると味が濃くなり、えびの臭みをやわらげてうまみを引き出します。

スパイシーでビールが進む！

いかのカレーしょうゆ漬け炒め

材料（1袋分）

生いか … 2はい（大1はい）

A
- しょうが（すりおろし）… ½かけ
- しょうゆ … 大さじ1½
- みりん … 大さじ1½
- カレー粉 … 小さじ½

作り方

1 いかは軟骨、内臓、目、くちばしを取って洗う。水けをふいて皮をむき、胴は1cm幅の輪切り、足は先端を切り落とし、食べやすい長さに切る。

2 保存袋にAと1を入れて袋の上からもみ混ぜ、空気を抜いて冷凍する。

食べるときは 半解凍

フライパンにサラダ油大さじ1（分量外）を引き、袋の中身を入れる。中火で熱して温まってきたら、ふたをして弱めの中火で3～4分蒸し焼きにする。ふたを取り、火を強めて汁けをとばす。器に盛り、お好みでちぎった青じそをちらす。

保存 冷凍で2週間

冷凍で
おいしさ
アップ

いかは水分が少ないので下味冷凍向き。カレー風味の漬けだれで人気居酒屋の味に！

冷凍でおいしさアップ

あさりをミニトマトと一緒に冷凍すれば、いかのうまみがアップ！シンプルで上品なひと皿。

保存 冷凍で２週間

＼汁まで魚介のうまみたっぷり！／

いかとあさりのアクアパッツァ風

材 料（１袋分）

生いか …１はい

あさり（殻つき・砂出し済み）… 8個

ミニトマト …6個

A
- にんにく（みじん切り）… 1かけ
- 白ワイン（または酒）… 大さじ1
- オリーブオイル … 大さじ1
- 塩 … 小さじ⅓
- こしょう … 少々

作り方

1 いかは軟骨、内臓、目、くちばしを取って洗う。水けをふいて皮をむき、胴は1㎝幅の輪切り、足は先端を切り落とし、食べやすい長さに切る。

2 保存袋にAと1を入れ、袋の上からもみ混ぜる。あさり、ミニトマトを入れ、空気を抜いて冷凍する。

食べるときは 半解凍

フライパンにサラダ油大さじ1（分量外）を引き、いかとあさりを入れる。温まってきたらふたをして弱めの中火で3～4分蒸し焼きにする。ふたを取り、ミニトマトを加え、ふたをして2～3分蒸し焼きにする。器に盛り、お好みでパセリのみじん切りをちらす。

PART 2

ごはん・めんのコンテナ冷凍

耐熱コンテナに具材や調味料を入れて冷凍するだけ！
食べたいときに電子レンジで加熱すればOKなので、
ランチや忙しくて時間がないときにおすすめです。

おいしく冷凍するコツ

ごはんの場合

ごはんは平らにならして入れる

耐熱コンテナにごはんと油をからめ、平らにならします。こうすることで加熱ムラを防ぐことができます。

めんの場合

パスタは交差するように置く

耐熱コンテナに半分に折ったパスタを入れ、まずは油をからめます。次にパスタが交差になるように置いてください。こうすることでパスタ同士がくっつきにくくなります。

**どちらもコンテナのふたをしっかり閉めて
冷凍庫で水平にひと晩以上、保存してください。**

食べるときのコツ

ふたをずらしてのせて、必ず1個ずつレンチン！

コンテナのふたをずらしてのせ、電子レンジでレシピ通りに加熱してよく混ぜます。レシピによっては仕上げはふたをのせず、さらに加熱します。

使用する耐熱コンテナ

P.65-68は縦156㎜ ×横156㎜×高さ53㎜で容量700㎖のタイプ、P.70-73は縦156㎜×横156㎜×高さ83㎜で容量1100㎖のタイプを使用しています。特にパスタは水分を加えるので、必ずコンテナの容量を守ってください。

冷凍ごはん

保存 冷凍で2週間

冷凍でおいしさキープ

ごはんはあらかじめ、油でまんべんなくコーティングします。こうすると水っぽくならず、軽やかな口当たりになります。

みんなが好きなあの味！

えびのカラフルピラフ

材料（耐熱コンテナ700mℓ 1個分）

冷やごはん…200g
むきえび…80g
冷凍ミックスベジタブル…大さじ4
スライスハム（1cm角に切る）…1枚
オリーブオイル…小さじ1
顆粒コンソメスープの素…小さじ1
バター…5g

作り方

1 えびは背わたがあれば取り、塩適量（分量外）をもみ込み、水で洗って水けをきる。
2 耐熱コンテナにごはんとオリーブオイルを入れてあえ、平らにならす。
3 2にコンソメスープの素をふり、ミックスベジタブル、ハム、1、バターをのせ、ふたをして冷凍する。

食べるときは　レンジ加熱

ふたをずらしてのせ、電子レンジで6分加熱する。よく混ぜ、ふたをのせずに1分30秒加熱して混ぜる。

＼スクランブルエッグをのせても／

チキンライス

保存 冷凍で2週間

材料（耐熱コンテナ700mℓ 1個分）

冷やごはん … 200g
鶏もも肉（1cm角に切る）… 小½枚（100g）
玉ねぎ（粗みじん切り）… ¼個
スナップえんどう（1cm幅に切る）… 3さや
A ［サラダ油 … 小さじ1
　 塩、こしょう … 各適量
B ［トマトケチャップ … 大さじ3
　 顆粒コンソメスープの素 … 小さじ1
　 しょうゆ … 小さじ1
バター … 5g

作り方

1 耐熱コンテナにごはんとAを入れてあえ、平らにならす。
2 鶏肉にBをもみ込む。
3 1に玉ねぎ、スナップえんどう、2、バターをのせ、ふたをして冷凍する。

食べるときは レンジ加熱

ふたをずらしてのせ、電子レンジで6分加熱する。よく混ぜ、ふたをのせずに2分加熱して混ぜる。

材料（耐熱コンテナ700mℓ 1個分）

冷やごはん … 200g
鶏ひき肉 … 100g
ごぼう（斜め薄切り）… 5cm
サラダ油 … 小さじ1
A ［しょうゆ … 大さじ1½
　 みりん … 大さじ1
　 砂糖 … 小さじ1
　 顆粒和風だしの素 … 小さじ¼
　 しょうが（チューブ）… 3cm

作り方

1 耐熱コンテナにごはんとサラダ油を入れてあえ、平らにならす。
2 ごぼうは水にさらして水けをきり、鶏ひき肉、Aとよくあえる。
3 1に2を広げるようにのせ、ふたをして冷凍する。

食べるときは レンジ加熱

ふたをずらしてのせ、電子レンジで7分加熱する。よく混ぜ、ふたをのせずに1分加熱して混ぜる。

保存 冷凍で2週間

＼また食べたくなる甘辛味！／

鶏ごぼうごはん

炒めたような仕上がり!

豚バラザーサイ炒飯

材料（耐熱コンテナ700mℓ1個分）

冷やごはん … 200g
豚バラ薄切り肉（1cm幅に切る）… 60g
ザーサイ（味つき・粗く刻む）… 30g
長ねぎ（粗みじん切り）… 4cm

A ごま油 … 小さじ1
A 鶏ガラスープの素 … 小さじ1

B しょうゆ … 小さじ1
B 塩、こしょう … 各適量

作り方

1 耐熱コンテナにごはんとAを入れてあえ、平らにならす。
2 豚肉にBをもみ込む。
3 1に2、長ねぎ、ザーサイの順にのせ、ふたをして冷凍する。

保存 冷凍で2週間

食べるときは レンジ加熱

ふたをずらしてのせ、電子レンジで6分加熱する。よく混ぜ、ふたをのせずに1分加熱して混ぜる。

スパイシーで食欲倍増!

ドライカレーごはん

材料（耐熱コンテナ700mℓ1個分）

冷やごはん… 200g
豚ひき肉 … 80g
ピーマン（7mm角に切る）…½個
玉ねぎ（7mm角に切る）…¼個

A サラダ油… 小さじ1
A 塩、こしょう… 各適量

B ウスターソース… 小さじ4
B トマトケチャップ… 大さじ1
B カレー粉 … 小さじ1

バター … 5g

作り方

1 耐熱コンテナにごはんとAを入れてあえ、平らにならす。
2 豚ひき肉とBをよくあえる。
3 1に2を広げるようにのせ、ピーマン、玉ねぎ、バターものせ、ふたをして冷凍する。

食べるときは レンジ加熱

ふたをずらしてのせ、電子レンジで6分加熱する。よく混ぜ、ふたをのせずに1分加熱して混ぜる。

保存 冷凍で2週間

保存 冷凍で2週間

まいたけの風味が引き立つ!

まいたけのミルクリゾット

材料（耐熱コンテナ700㎖1個分）

冷やごはん…100g
まいたけ（手でほぐす）…½パック
ブロックベーコン（1㎝角に切る）…30g
A
- 牛乳…¾カップ
- 粉チーズ…大さじ1½
- 顆粒コンソメスープの素…大さじ½
- オリーブオイル…小さじ1
- 塩、こしょう…各適量

作り方

1 耐熱コンテナにAを入れてよく混ぜ、ごはんを加えて平らにならす。
2 1にベーコン、まいたけをのせ、ふたをして冷凍する。

食べるときは レンジ加熱

水大さじ3（分量外）を加えてふたをずらしてのせ、電子レンジで7分加熱してよく混ぜる。

材料（耐熱コンテナ700㎖1個分）

冷やごはん…100g
牛カルビ肉（細切り）…50g
にら（3㎝長さに切る）…½束
白菜キムチ…80g
A
- 水…1カップ
- にんにく、しょうが（チューブ）…各3㎝
- コチュジャン…大さじ½
- 鶏ガラスープの素…小さじ1
- ごま油…小さじ1
- 塩、こしょう…各適量

しょうゆ…大さじ½

作り方

1 耐熱コンテナにAを入れてよく混ぜ、ごはんを加えて平らにならす。
2 牛肉にしょうゆをもみ込む。
3 1に2、白菜キムチ、にらをのせ、ふたをして冷凍する。

食べるときは レンジ加熱

水大さじ3（分量外）を加えてふたをずらしてのせ、電子レンジで8分加熱してよく混ぜる。

保存 冷凍で2週間

レンチンで焼き肉屋の味!

カルビクッパ

*Column ①

冷凍おにぎり

ちょっと小腹が空いたときにあると便利な冷凍おにぎり。
具材は水分が少なく、味の濃い食材がおすすめです。

鮭コーンの塩昆布おにぎり

材料（3個分）

温かいごはん … 300g

A
- 鮭フレーク … 50g
- 塩昆布 … 10g
- コーン缶（缶汁をきる） … 大さじ2

作り方

1 ボウルに温かいごはんを入れ、Aを加えてしゃもじで混ぜる。

2 ラップに1を3等分にのせ、三角形ににぎる。冷めたら、新しいラップに取り替えて1個ずつ包み直し、保存袋に入れて冷凍する。

梅チーズおかかおにぎり

材料（3個分）

温かいごはん … 300g

A
- 梅干し（種を除いて粗く刻む） … 2個
- プロセスチーズ（個包装タイプ・1cm角に切る） … 2個
- かつお節 … 1パック（3g）
- めんつゆ（3倍濃縮）… 小さじ½

作り方

1 ボウルにごはんを入れ、Aを加えてしゃもじで混ぜる。

2 ラップに1を3等分にのせ、丸くにぎる。冷めたら、新しいラップに取り替えて1個ずつ包み直し、保存袋に入れて冷凍する。

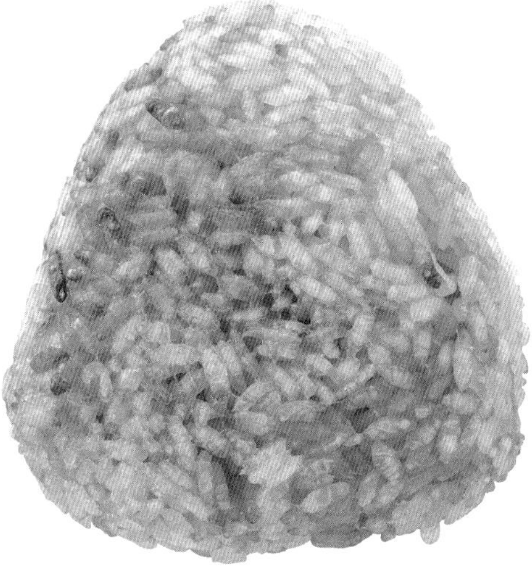

焼きおにぎり

材料（3個分）

温かいごはん … 300g

A
- しょうゆ … 小さじ2
- みりん … 小さじ½
- 顆粒和風だしの素 … 小さじ1
- ごま油 … 小さじ¼

作り方

1 ボウルに温かいごはんを入れ、Aを加えてしゃもじで混ぜる。

2 ラップに1を3等分にのせ、三角形ににぎる。

3 フライパンに2を並べる。中火で2〜3分焼き、裏返して2〜3分焼く。冷めたら、新しいラップに取り替えて1個ずつ包み直し、保存袋に入れて冷凍する。

食べるときは レンジ加熱

ラップをつけたまま、1個につき電子レンジで1分、裏返して1分加熱する。自然解凍で食べるのはNGです。

冷凍でおいしさキープ

必ずごはんが熱いうちにラップでにぎってください。解凍してもふっくらとしたおいしさが味わえます。また、保存袋に入れて冷凍すると冷凍焼けを防げます。

保存 冷凍で2週間

＼ツナ入りでコクアップ！／

なすのガーリックトマトパスタ

材料（耐熱コンテナ1100mℓ 1個分）

スパゲッティ（7分ゆで）… 100g
なす（1cm厚さに切る）… 1本
ツナ油漬け缶（缶汁をきる）… ½缶（35g）
トマト水煮缶 … 150g
オリーブオイル … 小さじ2

A
- 水 … 150mℓ
- にんにく（みじん切り）… ½かけ
- 顆粒コンソメスープの素 … 小さじ2
- 塩、こしょう … 各適量

作り方

1 なすは水にさらして水けをきる。
2 スパゲッティは半分に折り、耐熱コンテナに入れる。オリーブオイルをよくからめ、斜めに交差するように置く。
3 2にトマト水煮、1、ツナ缶をのせ、混ぜ合わせたAを注ぎ、ふたをして冷凍する。

食べるときは レンジ加熱
ふたをずらしてのせ、電子レンジで9分加熱する。よく混ぜ、ふたをのせずに4分加熱して混ぜる。お好みでパセリのみじん切りをちらす。

冷凍めん

保存 冷凍で2週間

冷凍でおいしさキープ
スパゲッティに油をよくからめてからソースの水分を加えると、パスタ同士がくっつきにくくなります。

＼超濃厚なソースにハマる！／

きのこのクリームパスタ

材料（耐熱コンテナ1100mℓ 1個分）

スパゲッティ（7分ゆで）… 100g
エリンギ（長さを半分に切ってから4等分に切る）… 1本
しめじ（小房に分ける）… ¼パック
スライスベーコン（1.5㎝幅に切る）… 1枚
クリームチーズ（個包装タイプ）… 2個
オリーブオイル … 小さじ2
A［牛乳 … 220mℓ
　 塩 … 小さじ⅓

作り方

1 スパゲッティは半分に折り、耐熱コンテナに入れる。オリーブオイルをよくからめ、斜めに交差するように置く。
2 1にベーコン、きのこ類、ちぎったクリームチーズをのせ、混ぜ合わせたAを注ぎ、ふたをして冷凍する。

保存 冷凍で2週間

食べるときは レンジ加熱

ふたをずらしてのせ、電子レンジで8分加熱する。よく混ぜ、ふたをのせずに4分加熱して混ぜる。お好みで粗びき黒こしょうをかける。

＼明太子でもOK！／

たらこのバターパスタ

材料（耐熱コンテナ1100mℓ 1個分）

スパゲッティ（7分ゆで）… 100g
甘塩たらこ（薄皮から身をこそげ出す）… 30g
キャベツ（ざく切り）… 大1枚
オリーブオイル … 小さじ2
A［水 … 220mℓ
　 しょうゆ … 小さじ1
　 顆粒和風だしの素 … 小さじ½
バター … 5g

作り方

1 スパゲッティは半分に折り、耐熱コンテナに入れる。オリーブオイルをよくからめ、斜めに交差するように置く。
2 1にキャベツ、たらこ、バターをのせ、混ぜ合わせたAを注ぎ、ふたをして冷凍する。

食べるときは レンジ加熱

ふたをずらしてのせ、電子レンジで10分加熱する。よく混ぜ、ふたをのせずに3分加熱して混ぜる。

保存 冷凍で2週間

もちもちのなつかしい食感！
ナポリタン

材料（耐熱コンテナ1100mℓ1個分）

スパゲッティ（7分ゆで）…100g
ウインナー（1cm幅の斜め切り）…2本
ピーマン（小さめの乱切り）…1個
玉ねぎ（薄いくし形切り）…¼個
オリーブオイル…小さじ2

A
- 水…220mℓ
- トマトケチャップ…大さじ3
- 顆粒コンソメスープの素…小さじ2
- しょうゆ…小さじ1

作り方

1 スパゲッティは半分に折り、耐熱コンテナに入れる。オリーブオイルをよくからめ、斜めに交差するように置く。

2 1にウインナー、ピーマン、玉ねぎをのせ、混ぜ合わせたAを注ぎ、ふたをして冷凍する。

食べるときは レンジ加熱

ふたをずらしてのせ、電子レンジで8分加熱する。よく混ぜ、ふたをのせずに4分加熱して混ぜる。お好みで粉チーズをかける。

保存 冷凍で2週間

背徳感MAXのおいしさ！
汁なし担担めん

保存 冷凍で2週間

材料（耐熱コンテナ1100mℓ1個分）

中華蒸しめん…1玉（150g）

A
- 豚ひき肉…80g
- しょうが、にんにく（チューブ）…各2cm
- みそ…大さじ½
- すりごま（白）…大さじ1½
- しょうゆ…大さじ1
- 砂糖…小さじ1
- 豆板醤…小さじ1

長ねぎ（小口切り）…5cm
ごま油…小さじ1

作り方

1 耐熱コンテナに蒸しめんを入れる。ふたをずらしてのせ、電子レンジで1分加熱し、ごま油を加えてよく混ぜ、平らにならす。

2 1の粗熱がとれたら、混ぜ合わせたAを広げるようにのせたら、長ねぎものせ、ふたをして冷凍する。

食べるときは レンジ加熱

ふたをずらしてのせ、電子レンジで4分加熱する。よく混ぜ、ふたをのせずに2分加熱して混ぜる。

魚介のうまみがギュッ!

ほたて焼きそば

材料（耐熱コンテナ1100mℓ 1個分）

中華蒸しめん…1玉（150g）
ベビー蒸しほたて…5～6個
しいたけ（薄切り）…2個
小ねぎ（4cm長さに切る）…8本
ごま油…大さじ½
A
- 鶏ガラスープの素…小さじ2
- オイスターソース…小さじ2
- しょうゆ…小さじ1
- 塩、こしょう…各少々

作り方

1 耐熱コンテナに蒸しめんを入れる。ふたをずらしてのせ、電子レンジで1分加熱し、ごま油を加えてよく混ぜ、平らにならす。
2 ほたてとしいたけにAをからめる。
3 1の粗熱がとれたら、2、小ねぎをのせ、ふたをして冷凍する。

食べるときは レンジ加熱

ふたをずらしてのせ、電子レンジで4分加熱する。よく混ぜ、ふたをのせずに2分加熱して混ぜる。

保存 冷凍で2週間

ランチで大活躍!

シンプル焼きうどん

保存 冷凍で2週間

材料（耐熱コンテナ1100mℓ 1個分）

ゆでうどん…1玉
豚バラ薄切り肉…60g
かに風味かまぼこ（ほぐす）…1本
小松菜（4cm長さに切る）…1株
A
- サラダ油…大さじ½
- 顆粒和風だしの素…小さじ½

B
- しょうゆ…小さじ2
- 塩、こしょう…各適量

作り方

1 耐熱コンテナにうどんを入れる。ふたをずらしてのせ、電子レンジで1分加熱し、Aを加えてよく混ぜ、平らにならす。
2 豚肉にBをもみ込む。
3 1の粗熱がとれたら、2、小松菜、かに風味かまぼこをのせ、ふたをして冷凍する。

食べるときは レンジ加熱

ふたをずらしてのせ、電子レンジで4分加熱する。よく混ぜ、ふたをのせずに2分加熱して混ぜる。

Column②

冷凍トースト

パンに具材をのせて冷凍しておけば、食べたいときにトースターで焼くだけ！
ストックしておくと朝ごはんやおやつに超役立ちます。

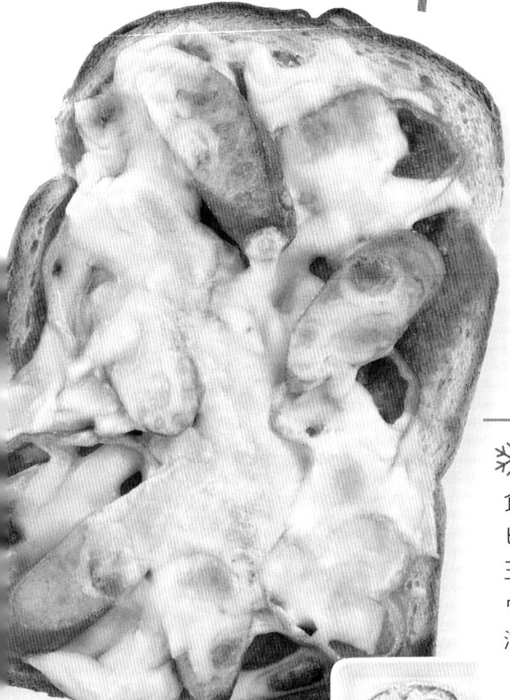

Point!

①

パンに切り込みを入れておくと、食べやすくなります！

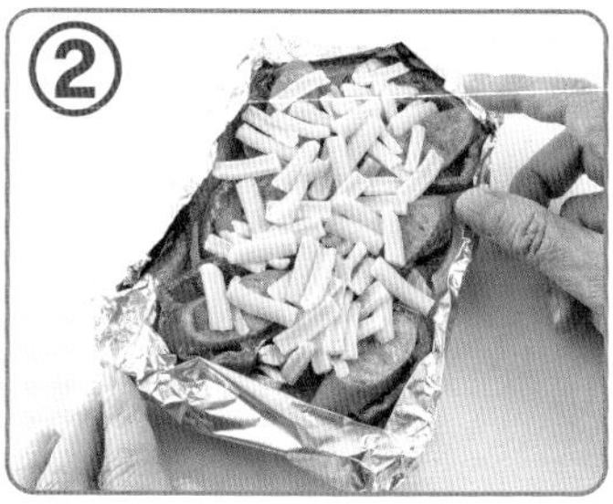

②

パンの裏面は焦げやすいので、焼くときはパンの下側をアルミホイルで覆います。

ピザトースト

材料（2枚分）

食パン（6枚切り）… 2枚
ピーマン（輪切り）… 1個
玉ねぎ（薄切り）… $\frac{1}{4}$個
ウインナー（斜め切り）… 2本
溶けるチーズ … 適量
A
- トマトケチャップ … 大さじ2
- マヨネーズ … 大さじ1
- しょうゆ … 小さじ1
- にんにく（チューブ）… 2㎝

保存 冷凍で2週間

作り方

1 パンに格子状の切り込みを入れ、混ぜ合わせたAを半量ずつぬる。
2 1に玉ねぎ、ピーマン、ウインナー、溶けるチーズを半量ずつ順にのせる。
3 1組ずつラップでぴっちりと包み、保存袋に入れて冷凍する。

食べるときは トースト加熱
パンの下側をアルミホイルで覆い、トースターで6～8分焼く。

メロンパン風きなこトースト

材料（2枚分）

食パン（6枚切り）… 2枚
バター … 20g
A
- 砂糖 … 大さじ2
- 薄力粉 … 大さじ2
- きなこ … 大さじ1
- 牛乳 … 小さじ2

保存 冷凍で2週間

作り方

1 耐熱容器にバターを入れ、ラップをかけずに電子レンジで30秒加熱する。Aを加えてよく混ぜる。
2 パンに1の半量ずつをぬり、包丁の先で斜め格子状に切り込みを入れる。
3 1組ずつラップでぴっちりと包み、保存袋に入れて冷凍する。

食べるときは トースト加熱
パンの下側をアルミホイルで覆い、トースターで3～5分焼く。

ツナマヨトースト

材料（2枚分）

食パン（6枚切り）… 2枚
ツナ油漬け缶（缶汁をきる）
　… 1缶（70g）
コーン缶（缶汁をきる）… 大さじ4
A［マヨネーズ … 大さじ2
　 オイスターソース … 小さじ1

作り方

1 ツナとコーンはAと混ぜ合わせる。
2 パンに格子状の切り込みを入れ、1を半量ずつのせる。
3 1組ずつラップでぴっちりと包み、保存袋に入れて冷凍する。

食べるときは トースト加熱
パンの下側をアルミホイルで覆い、トースターで6～8分焼く。

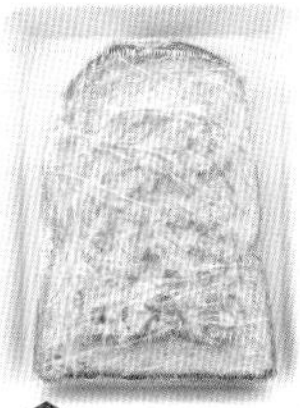

保存 冷凍で2週間

のりしらすトースト

材料（2枚分）

食パン（6枚切り）… 2枚
しらす … 30g
オリーブオイル … 大さじ1
焼きのり（おにぎり用）… ½枚
溶けるチーズ … 適量

作り方

1 パンに格子状の切り込みを入れる。オリーブオイルを半量ずつぬり、しらす、ちぎったのり、溶けるチーズを半量ずつのせる。
2 1組ずつラップでぴっちりと包み、保存袋に入れて冷凍する。

食べるときは トースト加熱
パンの下側をアルミホイルで覆い、トースターで4～6分焼く。

保存 冷凍で2週間

明太マヨねぎトースト

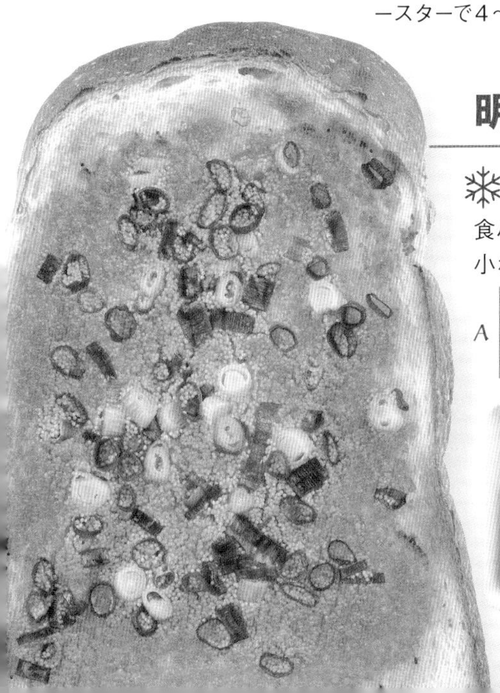

材料（2枚分）

食パン（6枚切り）… 2枚
小ねぎ（小口切り）… 1本
A［辛子明太子（薄皮から
　 身をこそげ出す）… 40g
　 マヨネーズ … 大さじ3

作り方

1 パンに格子状の切り込みを入れる。混ぜ合わせたAをぬり、小ねぎをのせる。
2 1組ずつラップでぴっちりと包み、保存袋に入れて冷凍する。

食べるときは トースト加熱
パンの下側をアルミホイルで覆い、トースターで4～6分焼く。

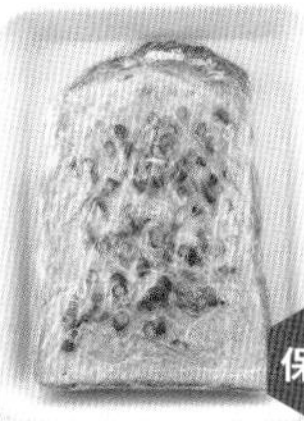

保存 冷凍で2週間

PART 3

冷凍作りおきおかず

冷凍作りおきおかずは電子レンジやトースターで解凍したり温め直したりすれば、すぐに食べられるので、晩ごはんにお弁当にと役立つこと間違いなし！
保存方法や解凍のコツもご紹介しているので参考にしてください。

安心安全に保存するコツ

完全に冷ましてから保存する

おかずが温かい状態のまま冷凍庫に入れると、庫内の温度が上がり、ほかの食品まで傷む原因に。必ずバットやトレイなどに広げて完全に冷ましてから冷凍保存しましょう。網や保冷剤にのせて下から急速に冷ますと雑菌が増えるのも防げます。冷蔵で保存する場合も同様です。

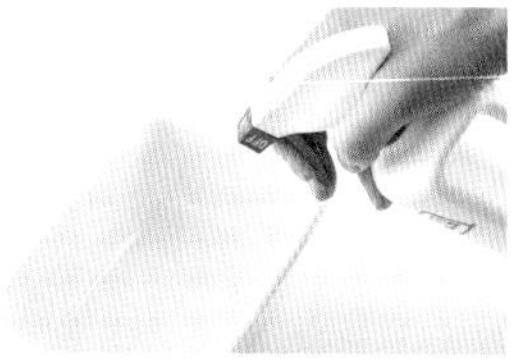

食品用アルコールスプレーを活用

ドラッグストアなどで買える除菌・消毒・抗菌の食品用アルコールスプレー。
保存容器はよく洗って乾かし、アルコールスプレーをふきかけてからおかずをつめて保存すると、よりおかずが傷みにくくなるのでおすすめです。

保存アイデアあれこれ

耐熱コンテナ

耐熱コンテナはそのまま電子レンジで解凍や加熱ができるので便利です。密閉できるふたつきのものがベストです。

小分けの保存袋

小分けの保存袋は直接おかずをつめたり、あるいは小分けにしてラップで包み、保存袋に入れて冷凍するのに重宝します。できるだけ空気を抜いて冷凍しましょう。

小分けのカップ

小分けカップに入れてから保存容器に入れて冷凍しておくのもおすすめ。電子レンジ解凍すれば、お弁当にすぐつめられます。

おいしく解凍・温めるコツ

電子レンジで解凍・温め

基本は食べる直前に食べる分だけ、解凍・温めをします。耐熱容器に移してふんわりとラップをかけ、電子レンジで解凍してからおかずの中まで温めてください。ラップごと小分けしてあるおかずはそのまま温めてもOK。耐熱コンテナの場合は、ふたをずらしてのせ、レンジ解凍してください。冷やした状態で食べるおかずは、自然解凍だと雑菌が繁殖しやすくなるので冷蔵庫で解凍してください。

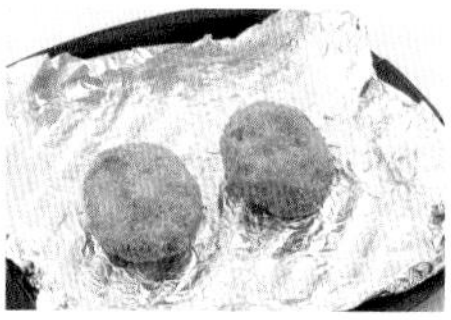

オーブントースターを活用

P.80の「生ハムの揚げ春巻き」P.84の「えび寄せフライ」などは、電子レンジ解凍してからオーブントースターで温め直してください。細かいしわをつけたアルミホイルにおかずをのせて温めると、解凍した際に出た水分がとんでカリッとした食感がよみがえります。余分な油も落ちるのでぜひ試してください。

加熱時間について

おかずの種類や電子レンジの機種によって異なりますが、1人分あたり主菜は1～3分、副菜は30秒～1分、様子をみながら電子レンジ解凍してください。

冷凍で 2週間 ▶冷蔵で 3～4日 食べ方 レンジ解凍 お弁当

●アイコンについて
「冷凍作りおきおかず」の保存期間、食べるときの解凍方法、お弁当向きのおかずを示しています。

ふんわり鶏つくね

お弁当

材 料（16個分）

鶏ひき肉 … 400g

A
- 塩 … 小さじ¼
- マヨネーズ … 大さじ2
- 片栗粉 … 大さじ2
- しょうが（すりおろし）… 1かけ
- 長ねぎ（細かいみじん切り）… ½本

サラダ油 … 大さじ1

B
- しょうゆ … 大さじ1
- 酢 … 大さじ1
- 砂糖 … 大さじ1½
- オイスターソース … 小さじ2
- いりごま（白）… 小さじ2

作り方

1 ボウルに冷たいひき肉を入れて粘りが出るまで手早く混ぜる。Aを順に加えてよく混ぜる。

2 手のひらにサラダ油適量（分量外）をぬる。16等分にした1をのせ、細長い小判形に整える。

3 フライパンにサラダ油を引き、2を並べ入れる。中火で熱して全体に焼き色がついたら、ふたをして弱めの中火でときどき返しながら5〜6分焼く。

4 余分な脂をふき、混ぜ合わせたBを煮立て、全体にからめる。

冷凍でおいしさキープ

淡泊な鶏ひき肉は加熱するとかたくなりがち。マヨネーズ、片栗粉を加えて混ぜることで、温め直してもふっくら仕上がります。

冷凍で **2週間** ▶ 冷蔵で **3〜4日** 食べ方 **レンジ解凍**

チーズinハンバーグ

お弁当

材料（12個分）

合いびき肉…500g
プロセスチーズ（個包装タイプ・3等分に切る）…4個
塩…小さじ1
こしょう…少々
A
- 溶き卵…1個分
- 片栗粉…大さじ1
- 玉ねぎ（細かいみじん切り）…½個

サラダ油…大さじ1
B
- トマトケチャップ…大さじ5
- マヨネーズ…大さじ2
- しょうゆ…大さじ1
- 水…大さじ3
- 砂糖…小さじ½

作り方

1 ボウルに冷たいひき肉、塩、こしょうを入れ、粘りが出るまで手早く混ぜる。Aを順に加えてよく混ぜる。
2 手のひらにサラダ油適量（分量外）をぬる。12等分にした1の中にプロセスチーズを入れ、楕円形に整える。全部で12個作る。
3 フライパンにサラダ油を引き、2を並べ入れる。中火で熱して両面に焼き色がついたら、ふたをして弱火で3～4分、裏返して3～4分蒸し焼きにする。
4 余分な脂をふき、混ぜ合わせたBを煮立て、全体にからめる。

冷凍で**2週間** 冷蔵で**3～4日** 食べ方 **レンジ解凍**

豚の角煮

お弁当

材料（作りやすい分量）

豚バラかたまり肉…800g
長ねぎ（青い部分）…1本分
A
- 玉ねぎ（薄切り）…1個
- まいたけ（手でほぐす）…1パック
- 水…1½カップ
- しょうゆ…大さじ5
- 砂糖…大さじ3½
- 酢…大さじ2½

作り方

1 鍋に豚肉、長ねぎ、かぶるくらいの水（分量外）を入れ、強火にかける。煮立ったらアクを丁寧に除き、落としぶたをして弱火で1時間～1時間30分煮る。
2 粗熱がとれたら鍋から豚肉を取り出し、4cm角に切る。ゆで汁は脂を取り除いて1カップ分取っておく。
3 1の鍋をさっと洗い、2、Aを入れて中火にかける。煮立ったらアクを除き、落としぶたをしてふたもし、弱火で途中2回ほど上下を返しながら1時間ほど煮る。

冷凍で**2週間** 冷蔵で**3～4日** 食べ方 **レンジ解凍**

焼き肉とピーマンの漬け込み

お弁当

材料（4人分）

牛焼き肉用肉 … 300g
ピーマン … 4個
塩、こしょう … 各適量
サラダ油 … 大さじ1

A
焼き肉のたれ（中辛） … 大さじ4
ポン酢しょうゆ … 大さじ3
すりごま（白） … 大さじ3
ごま油 … 大さじ2

作り方

1 ピーマンは縦4等分に切る。牛肉に塩、こしょうをする。
2 Aは混ぜ合わせておく。
3 フライパンにサラダ油を中火で熱し、牛肉を焼く。焼けた順に2に入れていく。ピーマンも同様に焼き、2に入れる。

冷凍でおいしさキープ
お買い得の牛肉でも、焼き肉のたれとポン酢の万能だれに漬け込めば、冷凍してもかたくなりません!

冷凍で 2週間 ▶ 冷蔵で 3～4日 食べ方 レンジ解凍

根菜そぼろ

お弁当

材料（作りやすい分量）

豚ひき肉 … 350g
ごぼう … ½本（75g）
ごま油 … 大さじ1

A
酒 … 大さじ2
みそ … 大さじ2
しょうゆ … 小さじ2
砂糖 … 大さじ½

作り方

1 ごぼうは皮ごとよく洗い、縦半分に切ってから5mm厚さの半月切りにし、水にさらして水けをきる。
2 フライパンにごま油を中火で熱し、1を炒める。油がまわったら、ひき肉を加えて炒める。
3 肉の色が変わったら、混ぜ合わせたAを加え、汁けがなくなるまで炒め合わせる。

冷凍で 2週間 ▶ 冷蔵で 3～4日 食べ方 レンジ解凍

＼みそ入りでコクうま!／

和風 ハッシュドビーフ

材料（4人分）

牛切り落とし肉 … 400g
玉ねぎ … 1個
ごぼう … 1本
A［塩 … 小さじ½
こしょう … 少々
薄力粉 … 大さじ2］
バター … 15g
B［水 … ¾カップ
赤ワイン … ½カップ
トマトケチャップ … 大さじ4
みそ … 大さじ2
しょうゆ … 大さじ1½］

作り方

1 牛肉にAをもみ込む。玉ねぎは薄切り、ごぼうは皮ごとよく洗い、縦半分に切ってから斜め薄切りにし、水にさらして水けをきる。
2 フライパンにバターを中火で熱し、牛肉を炒める。肉の色が変わったらごぼう、玉ねぎを加えて炒め合わせる。
3 野菜が少ししんなりしたら、混ぜ合わせたBを加える。煮立ったらふたをして弱めの中火で8〜10分蒸し煮にする。

冷凍で **2週間** ▶ 冷蔵で **3〜4日** 食べ方 **レンジ解凍**

生ハムの 揚げ春巻き

お弁当

材料（12個分）

生ハム … 12枚
りんご … 1個
青じそ … 12枚
クリームチーズ（個包装タイプ・縦2等分に切る）… 6個
春巻きの皮 … 小12枚
水溶き薄力粉
［薄力粉 … 大さじ½
水 … 大さじ1］
サラダ油 … 大さじ3

作り方

1 りんごは皮をむいて芯を取り、12等分のくし形切りにする。
2 春巻きの皮に青じそ、生ハム、クリームチーズ、1の順にのせ、きつく巻く。巻き終わりに水溶き薄力粉をつけてとめる。全部で12個作る。
3 フライパンにサラダ油を中火で熱し、2を2〜3分揚げ焼きにし、油をよくきる。

冷凍で **2週間** ▶ 冷蔵で **3〜4日** 食べ方 **レンジ解凍＋トースター**

＼ちょっぴりのりんごが アクセント／

砂肝のポン酢煮

材料（作りやすい分量）

砂肝 … 300〜350g

A
- しょうが（薄切り）… 2枚
- ポン酢しょうゆ … ¾カップ
- 水 … ¾カップ
- 砂糖 … 大さじ1

ごま油 … 小さじ1

作り方

1 砂肝は8㎜厚さの薄切りにし、さっと洗って水けをふく。

2 鍋にAを入れて中火にかけ、煮立ったら1を加えてふたをし、弱火で10分蒸し煮にする。仕上げにごま油を加えてさっと煮る。

冷凍で **2週間** ▶ 冷蔵で **3〜4日** 食べ方 **レンジ解凍**

レバーのソース煮

材料（作りやすい分量）

鶏レバー … 300〜350g

A
- にんにく（半割りにしてつぶす）… 1かけ
- ウスターソース … 大さじ3
- 酒 … 大さじ3
- しょうゆ … 大さじ1

作り方

1 鶏レバーはひと口大に切って塩水（分量外）に10分さらし、血抜きをする。さっと洗って水けをふく。

2 鍋に1、Aを入れて中火にかけ、煮立ったらふたをして弱火で10分蒸し煮にする。レバーだけ取り出し、煮汁を少し煮つめてから火を止め、レバーを戻し入れる。

冷凍でおいしさキープ
ウスターソースで煮るとレバーの臭みが抑えられ、風味もアップ！

冷凍で **2週間** ▶ 冷蔵で **4〜5日** 食べ方 **レンジ解凍**

鮭のみそ漬け焼き

お弁当

材料（4人分）

生鮭 … 4切れ

A
- みそ … 大さじ3
- みりん … 大さじ1
- はちみつ … 大さじ1
- 酒 … 大さじ1

作り方

1 鮭は塩適量（分量外）をふり、10分おく。水けをふいて骨を取り除く。

2 ラップ2枚を用意し、混ぜ合わせたAをぬり広げる。1を半量ずつのせてラップで包み、冷蔵庫で2時間以上おく。

3 2のたれをぬぐい、オーブントースターで10分ほど焼く。途中焦げそうならアルミホイルをかぶせる。

※鮭はみそだれに漬けた状態で冷凍して、食べたいときに半解凍してから焼いてもOK。

冷凍で **2週間** ▶ 冷蔵で **3〜4日** 食べ方 **レンジ解凍**

たらのアヒージョ風煮

材料（4人分）

甘塩たら … 4切れ

しいたけ … 4個

A
- にんにく（薄切り）… 1かけ
- 赤唐辛子 … 1本
- オリーブオイル … $\frac{3}{4}$カップ
- 塩 … 小さじ$\frac{1}{4}$
- こしょう … 少々

作り方

1 たらは水けをふき、骨を取り除いて3等分に切る。しいたけは石づきを取り、縦4等分に切る。

2 フライパンにAを入れてよく混ぜ、1を加える。中火にかけてふつふつとしてきたら、ふたをして弱火で10分蒸し煮にする。

※余ったオイルはパンにつけたり、パスタソースなどに使えます。

冷凍で **2週間** ▶ 冷蔵で **3〜4日** 食べ方 **レンジ解凍**

かじきの佃煮 お弁当

材料(4人分)

かじき … 4切れ
梅干し(種を取り除いてちぎる)… 大1個
A
- 酒 … 大さじ3
- しょうゆ … 大さじ2
- みりん … 大さじ1
- 砂糖 … 小さじ2

作り方

1 かじきは水けをふき、2cm角に切る。
2 鍋にAを入れて中火にかけ、煮立ったら1を加えてふたをして弱めの中火で8分蒸し煮にする。梅干しを加え、火を強めて汁けが少し残るくらいまで煮つめる。

冷凍でおいしさキープ
かじきは蒸し煮にすると、冷凍してもふっくらとした口当たりをキープできます。

冷凍で **2週間** 冷蔵で **3〜4日** 食べ方 **レンジ解凍**

揚げさばのカレー甘酢がらめ お弁当

材料(4人分)

塩さば(半身)… 3枚
片栗粉 … 適量
サラダ油 … 大さじ3
A
- 酢 … 大さじ3
- 砂糖 … 大さじ2
- しょうゆ … 大さじ2½
- カレー粉 … 小さじ½

作り方

1 さばは水けをふいて骨を取り除き、6〜8等分に切る。片栗粉を薄くまぶす。
2 フライパンにサラダ油を中火で熱し、1を入れて4〜5分揚げ焼きにする。取り出して油をよくきる。
3 2のフライパンの余分な油をふき、混ぜ合わせたAを入れて中火にかける。ふつふつとしてきたら火を止め、2のさばを戻し入れて全体にからめる。

冷凍で **2週間** 冷蔵で **3〜4日** 食べ方 **レンジ解凍**

えび寄せフライ

お弁当

材料（10個分）

むきえび … 200g
はんぺん … 小2枚
冷凍枝豆 … 12さや
A
- 玉ねぎ（みじん切り）… ¼個
- マヨネーズ … 大さじ1
- 塩、こしょう … 各少々
- 薄力粉 … 大さじ3

B
- 溶き卵 … 1個分
- 薄力粉、水 … 各大さじ2

パン粉、サラダ油 … 各適量

作り方

1 むきえびは背わたがあれば取り除き、塩適量（分量外）をふってもみ込み、水で洗って水けをふく。半量は8mm角に切り、残りは包丁で叩いてペースト状にする。枝豆は解凍してさやから粒を出す。

2 ボウルにはんぺんを入れて手でつぶし、1、Aを加えてよく練り混ぜる。生地がまとまってきたら10等分にし、手に少し水をつけ、小判形に整える。混ぜ合わせたBをつけ、パン粉をまぶす。

3 フライパンにサラダ油を170℃に熱し、2を3〜4分揚げ、油をよくきる。

冷凍で **2週間** ▶ 冷蔵で **3〜4日** 食べ方 **レンジ解凍＋トースター**

シーフードグラタン

お弁当

材料（200mlの耐熱容器6個分）

冷凍シーフードミックス … 250g
玉ねぎ … ½個
スライスベーコン … 2枚
早ゆでマカロニ（3分ゆで）… 40g
バター … 30g
薄力粉 … 30g
牛乳 … 400ml
溶けるチーズ … 適量
A 塩 小さじ⅓、しょうゆ 小さじ2、こしょう 少々

作り方

1 シーフードミックスは解凍して水けをふく。玉ねぎは薄切り、ベーコンは1cm幅に切る。

2 フライパンにバターを中火で熱し、玉ねぎとベーコンを炒める。少ししんなりしてきたらシーフードミックスを加えて炒め合わせる。

3 薄力粉を加えて粉っぽさがなくなるまで炒める。牛乳を加えてよく混ぜてからマカロニも加え、ふたをして弱めの中火でときどき混ぜながら7分煮る。

4 Aで味をととのえて火を止める。耐熱容器に移し、溶けるチーズをかけ、オーブントースターで5分焼く。

冷凍で **2週間** ▶ 冷蔵で **3〜4日** 食べ方 **レンジ解凍**

いかのやわらか煮

お弁当

材料（作りやすい分量）

生いか … 2はい

A
- しょうゆ … 大さじ2
- オイスターソース … 大さじ2
- みりん … 大さじ2
- 酒 … 大さじ3
- しょうが（薄切り）… 3枚

作り方

1 いかは軟骨、内臓、目、くちばしを取って洗う。水けをふいて皮をむき、胴は1㎝幅の輪切り、足は先端を切り落とし、食べやすい長さに切る。

2 鍋にAを入れて中火にかけ、煮立ったら1を入れて落としぶたをして2〜3分煮る。火を止めてそのまま冷ます。

冷凍でおいしさキープ

いかは冷ましている間に火が入るので、さっと煮るのがやわらかく仕上がるポイント。

冷凍で 2週間 ▶ 冷蔵で 3〜4日 食べ方 レンジ解凍

すっぱすぎない酢だこ

材料（作りやすい分量）

ゆでたこ（刺身用）… 250g

A
- 酢 … ½カップ
- 水 … ½カップ
- 砂糖 … 大さじ3
- しょうゆ … 大さじ1
- 塩 … 小さじ½

作り方

1 たこは足の先端を切り落とし、水けをふく。

2 鍋にAを入れて中火にかけ、煮立ったら1を加えて火を止める。粗熱がとれたら冷蔵庫でひと晩以上おく。

※食べたい分だけ解凍できる小分け冷凍がおすすめです。

冷凍で 3週間 ▶ 冷蔵で 4〜5日 食べ方 冷蔵庫で解凍

にんじんの たらこ炒め

お弁当

材料（4人分）

にんじん … 2本
甘塩たらこ（薄皮から身をこそげ出す）
… ½腹（50～60g）
サラダ油 … 大さじ½
A［酒 … 大さじ1
めんつゆ（3倍濃縮）… 大さじ½

作り方

1 にんじんは斜め薄切りにしてからせん切りにする。
2 フライパンにサラダ油を中火で熱し、1を炒める。
3 にんじんがしんなりしてきたら、たらこ、Aを加えて1～2分炒め合わせる。

冷凍で **2週間** ▶ 冷蔵で **3～4日** 食べ方 **レンジ解凍**

ほうれん草の ごまあえ

お弁当

材料（4人分）

ほうれん草 … 2把（400g）
A［すりごま（白）… 大さじ3
粉チーズ … 大さじ2
しょうゆ … 大さじ1½
砂糖 … 小さじ2

作り方

1 鍋に湯（分量外）を沸かし、沸騰したら塩適量（分量外）を入れ、ほうれん草の根元から加え、さっとゆでる。すぐに冷水にとり、水けをよく絞ってから4cm長さに切る。
2 混ぜ合わせたAで1をあえる。

冷凍で **2週間** ▶ 冷蔵で **3～4日** 食べ方 **レンジ解凍**

なすの揚げびたし

材料（4人分）

なす … 4本
サラダ油 … 大さじ4
A
- しょうが（すりおろし）… ½かけ
- しょうゆ … 大さじ1½
- 砂糖 … 小さじ2
- 酢 … 小さじ2
- かつお節 … 1パック

作り方

1 なすは乱切りにする。
2 フライパンにサラダ油を中火で熱し、1をときどき返しながら3～4分揚げ焼きにし、油をよくきる。
3 混ぜ合わせたAで2をあえる。

冷凍で **2週間** ▶ 冷蔵で **3～4日** 食べ方 **レンジ解凍**

ブロッコリーの炒めナムル

材料（4人分）

ブロッコリー … 大1株
塩 … 小さじ¼
A
- 桜えび（乾燥）… 大さじ2
- ごま油 … 大さじ1

作り方

1 ブロッコリーは小房に分ける。
2 フライパンにブロッコリー、水大さじ4（分量外）、塩を入れて中火にかける。温まってきたら、ふたをして弱めの中火で4分蒸し焼きにする。
3 Aを加え、全体にさっと炒め合わせる。

冷凍でおいしさキープ
ブロッコリーはゆでるよりフライパンで蒸し焼きに。冷凍しても歯ごたえが残るのでおすすめ！

冷凍で **2週間** ▶ 冷蔵で **3～4日** 食べ方 **レンジ解凍**

しょうゆと砂糖で味が決まる!

ピーマンとちくわの甘辛炒め

お弁当

材料(4人分)

ピーマン … 8個
ちくわ … 3本
サラダ油 … 大さじ1
酒 … 大さじ1
A しょうゆ … 大さじ1
　砂糖 … 大さじ½

作り方

1 ピーマンは縦半分に切ってから乱切りにする。ちくわは5mm厚さの輪切りにする。
2 フライパンにサラダ油を中火で熱し、1を炒める。
3 全体に油がまわったら酒を加え、少ししんなりしたら、混ぜ合わせたAを加えて炒め合わせる。

冷凍で **2週間** ▶ 冷蔵で **3〜4日** 食べ方 **レンジ解凍**

火を使わないからラク!

パプリカの和風マリネ

お弁当

材料(4人分)

パプリカ(赤・黄) … 各1個
A めんつゆ(3倍濃縮) … 大さじ2
　オリーブオイル … 大さじ1
　酢 … 大さじ½
　砂糖 … 小さじ1

作り方

1 パプリカは1.5〜2cm幅にくし形切りにしてから斜め半分に切る。
2 耐熱容器に1を入れ、ふんわりとラップをかけて電子レンジで3分加熱する。
3 2の余分な水けをきり、粗熱がとれたら混ぜ合わせたAであえる。

冷凍で **2週間** ▶ 冷蔵で **3〜4日** 食べ方 **レンジ解凍**

ハムのポテサラ

材料（作りやすい分量）

じゃがいも … 3個（350g）
スライスハム（1cm四方に切る）… 2枚
A
- 酢 … 小さじ1
- 砂糖 … 小さじ½
- 塩 … 小さじ¼
- こしょう … 少々
- オリーブオイル … 大さじ½

マヨネーズ … 大さじ4

作り方

1 じゃがいもは皮をむき、半分に切ってから1cm幅に切る。鍋にかぶるくらいの水（分量外）とともに入れ、中火にかける。煮立ったら弱めの中火で8分ゆでる。
2 水けをきって1をボウルに移し、熱いうちにへらなどでなめらかにつぶす。混ぜ合わせたAを加えて混ぜる。
3 粗熱がとれたらマヨネーズを混ぜ、ハムを加えてあえる。

冷凍で おいしさキープ
じゃがいもはかたまりが残っていると解凍したときに食感が落ちるので、なめらかになるまでしっかりつぶします。

冷凍で **2週間** ▶ 冷蔵で **3〜4日** 食べ方 **レンジ解凍**

かぼちゃのサラダ

材料（作りやすい分量）

かぼちゃ … ¼個（400g）
くるみ（素焼き・粗く刻む）… 30g
A
- プレーンヨーグルト … 大さじ2
- クリームチーズ（個包装タイプ・手でちぎる）… 3個
- 塩、こしょう … 各適量

作り方

1 かぼちゃは種とわた、皮を除き、3cm角に切る。
2 耐熱容器に1を入れ、ふんわりとラップをかけて電子レンジで4分30秒～5分加熱し、へらなどでなめらかにつぶす。
3 2にAを加えてよく混ぜ、くるみを加えてあえる。

冷凍で **2週間** ▶ 冷蔵で **3〜4日** 食べ方 **レンジ解凍**

きんぴらごぼう

お弁当

材料（4人分）

ごぼう … 大1本
にんじん … ½本
ごま油 … 小さじ2
酒 … 大さじ1
赤唐辛子（輪切り）… 少々
いりごま（白）… 大さじ1

A
- しょうゆ … 大さじ1½
- みりん … 大さじ1
- 砂糖 … 小さじ1

作り方

1 ごぼうは皮ごとよく洗い、斜め薄切りにしてから棒状に切り、水にさらして水けをきる。にんじんもごぼうの太さに合わせて棒状に切る。

2 フライパンにごま油を中火で熱し、1を炒める。全体に油がまわったら、酒を加えてふたをし、1分蒸し焼きにする。

3 赤唐辛子、Aを加えて汁けをとばしながら炒め合わせ、ごまを加えてざっと混ぜる。

冷凍でおいしさキープ

汁けをとばしながら炒めると、冷凍してもごぼうの食感がスカスカにならず、おいしく食べられます。

冷凍で **2週間** ▶ 冷蔵で **3〜4日** 食べ方 **レンジ解凍**

きのこのしぐれ煮

お弁当

材料（作りやすい分量）

なめこ … 1パック（100g）
しめじ … 1パック（100g）
しいたけ … 4個
えのきたけ … 大1パック（200g）
しょうが（みじん切り）… 1かけ

A
- しょうゆ … 大さじ1½
- 酒 … 大さじ1
- みりん … 大さじ1
- 砂糖 … 小さじ1

作り方

1 なめこはさっと洗って水けをきる。しめじは石づきを取ってほぐす。しいたけは石づきを取り、3〜4等分の薄切りにする。えのきたけは根元を切り落とし、長さを3等分に切る。

2 鍋に1、しょうが、Aを入れてざっと混ぜてから中火にかける。煮立ったらふたをして弱めの中火で汁けが少なくなるまで蒸し煮にする。

冷凍で **2週間** ▶ 冷蔵で **3〜4日** 食べ方 **レンジ解凍**

れんこんの コンビーフ炒め

お弁当

材料（4人分）

れんこん … 大1節（250～300g）
コンビーフ缶 … ½缶（40g）
オリーブオイル … 大さじ½
酒 … 大さじ1
A［顆粒コンソメスープの素 … 小さじ1
　しょうゆ … 小さじ1

作り方

1 れんこんは5mm厚さの半月切りにし、水にさらして水けをきる。コンビーフはほぐす。
2 フライパンにオリーブオイルを中火で熱し、コンビーフを炒める。少し焼き色がついてきたら、れんこんを加えて炒める。
3 油がまわったら酒を加え、ふたをして1分ほど蒸し焼きにする。れんこんが少ししんなりしたら、Aで調味してさっと炒める。

冷凍で 2週間 ▶ 冷蔵で 3～4日 食べ方 レンジ解凍

手作りガリ

材料（作りやすい分量）

しょうが … 200～250g
A［酢 … 1カップ
　砂糖 … 大さじ6
　塩 … 小さじ1
　しょうゆ … 小さじ1

作り方

1 しょうがは皮をむき、繊維にそってスライサーで薄切りにする。
2 鍋に湯（分量外）を沸かし、沸騰したら1を入れて透明になるまで2分ゆで、水にさらして水けを絞る。
3 2の鍋の湯を捨てる。Aを入れて中火にかけ、煮立ったら火を止める。粗熱がとれたら2と合わせ、冷蔵庫でひと晩以上おく。

冷凍で 2週間 ▶ 冷蔵で 3～4日 食べ方 レンジ解凍

洋風がんもどき

お弁当

材料（8個分）

木綿豆腐 … 1丁（350g）
コーン缶（缶汁をきる）
　… 大さじ4
スライスベーコン … 2枚
かに風味かまぼこ … 2本

A
- 溶き卵 … 1個分
- 片栗粉 … 大さじ2
- 粉チーズ … 大さじ2
- 顆粒和風だしの素 … 小さじ½
- 塩、こしょう … 各少々

サラダ油 … 大さじ3

作り方

1. 豆腐はペーパータオルで包んで耐熱容器にのせ、電子レンジで3分加熱して水きりをする。ベーコンは粗みじん切り、かに風味かまぼこは1cm幅に切ってほぐす。
2. ボウルに豆腐の余分な水けをきって入れ、手でくずしてAを加えて混ぜる。ベーコン、かに風味かまぼこ、コーンを加えて混ぜ、8等分の小判形に整える。
3. フライパンにサラダ油を中火で熱し、2を並べ入れる。ときどき返しながら2～3分揚げ焼きにし、油をよくきる。

冷凍で **2週間** ▶ 冷蔵で **3～4日** 食べ方 **レンジ解凍＋トースター**

刻み油揚げの甘煮

材料（作りやすい分量）

油揚げ … 10枚

A
- 水 … 1カップ
- しょうゆ … 大さじ2½
- 砂糖 … 大さじ1½
- みりん … 大さじ1½
- かつお節 … 2パック

作り方

1. 油揚げはペーパータオルではさんで油をおさえ、1枚を8等分の正方形に切る。
2. 鍋にAを入れて中火にかける。煮立ったら1を加えて落としぶたをして弱めの中火で4～6分蒸し煮にする。

冷凍でおいしさキープ
軽く汁けをきってから小分けにして保存袋に入れると、冷凍しても味が落ちにくくなります。

冷凍で **2週間** ▶ 冷蔵で **4～5日** 食べ方 **レンジ解凍**

切り干し大根のしいたけ煮

お弁当

材 料（作りやすい分量）

切り干し大根（乾燥）… 50g
しいたけ … 4個
鶏もも肉 … 小½枚（100g）
サラダ油 … 小さじ1

A
- 水 … 1½カップ
- しょうゆ … 大さじ2½
- みりん … 大さじ1½
- 砂糖 … 小さじ2

作り方

1 切り干し大根は水で2回ほど洗い、水けをきる。5分ほどおいてキッチンばさみで食べやすい長さに切る。しいたけは薄切りにする。鶏肉は1cm角に切る。
2 鍋にサラダ油を中火で熱し、鶏肉を炒める。肉の色が変わったら、切り干し大根、しいたけ、Aを加える。
3 煮立ったら落としぶたをし、弱めの中火でときどき混ぜながら10～12分蒸し煮にする。

冷凍で 2週間 ▶ 冷蔵で 4～5日 食べ方 レンジ解凍

ミックスビーンズのラタトゥイユ

お弁当

材 料（作りやすい分量）

ミックスビーンズ缶（ドライパック）… 1缶（110g）
玉ねぎ … 1個
パプリカ（黄）… 1個
なす … 2個
にんにく（みじん切り）… 1かけ
オリーブオイル … 大さじ3

A
- トマト水煮缶 … 1缶（400g）
- 塩 … 小さじ1
- 砂糖 … 大さじ½
- しょうゆ … 小さじ2
- こしょう … 少々

作り方

1 玉ねぎ、パプリカ、なすは2cm角に切る。
2 フライパンにオリーブオイル、にんにくを入れて中火にかける。香りが出てきたら、1を加えてしんなりするまで炒め合わせる。
3 Aを加えて煮立ったら、ふたをして弱めの中火でときどき混ぜながら10分蒸し煮にする。ミックスビーンズも加えて2～3分煮る。

冷凍で 2週間 ▶ 冷蔵で 4～5日 食べ方 レンジ解凍

Column③

冷凍デザート

まとめて作って冷凍保存できる、とっておきのスイーツ&デザート。
混ぜるだけのアイス、市販のビスケットを使ったお手軽なものまで、厳選してご紹介！

混ぜるだけのいちごアイス

材料（作りやすい分量）

いちご…1パック
生クリーム…200mℓ
プレーンヨーグルト…100g
砂糖…大さじ4

作り方

1 いちごはへたを取り、よく洗って保存袋に入れ、袋の上からもみつぶす。
2 1に生クリーム、ヨーグルト、砂糖を加えてよくもみ混ぜ、空気を抜いて冷凍する。1時間おきに2回、袋の上からもみ混ぜる。

食べるときは

冷凍庫から取り出してスプーンでほぐす。

冷凍で**3週間** ▶冷蔵は**NG**

濃厚チーズケーキ

材料（21cm×16.5cm×高さ3cmのバット型1台分）

クリームチーズ…200g
カマンベールチーズ（個包装タイプ）…3個
砂糖…大さじ4
溶き卵…2個分
生クリーム…200mℓ
レモン汁… さじ2
薄力粉…大さじ2

作り方

1 クリームチーズ、カマンベールチーズは室温にもどす。型にオーブンペーパーを敷く。
2 ボウルに1のチーズを入れ、ゴムべらでなめらかになるまで練り混ぜる。砂糖を加え、泡立て器に持ち替えて混ぜ、溶き卵、生クリームを加えてその都度よく混ぜる。
3 レモン汁を加えて混ぜ、ふるっておいた薄力粉も加えて混ぜる。
4 1の型に流し入れ、180℃に予熱したオーブンで35～40分焼く。冷めたら食べやすい大きさに切ってラップで包み、保存袋に入れ、空気を抜いて冷凍する。

食べるときは

そのままか冷蔵庫で半解凍する。

冷凍で**3週間** ▶冷蔵で**4～5日**

フローズンベリービスケット

材料（6個分）

ココナッツ風味ビスケット（市販）… 18枚

A［ギリシャヨーグルト … 1個（100g）
　 ブルーベリージャム … 大さじ3

作り方

1 ボウルにAを入れてよく混ぜ合わせる。
2 ビスケット3枚を1組にする。ビスケット1枚に1をぬり、もう1枚ビスケットを重ね、さらに1をぬって最後の1枚を重ねる。これを全部で6個作る。
3 バットにのせてバラバラに凍結させてから、1個ずつラップで包んで保存袋に入れ、空気を抜いて冷凍する。

食べるときは　そのまま食べる。

冷凍で**3週間** ▶冷蔵は**2日**

りんごの紅茶コンポート

材料（作りやすい分量）

りんご … 2個

紅茶のティーバッグ … 1袋

水 … 200mℓ

A［レモン汁 … 大さじ2
　 砂糖 … 大さじ5

作り方

1 りんごは皮をむいて芯を取り、1個を6等分のくし形切りにする。
2 鍋に紅茶のティーバッグ、水を入れて中火にかける。3分煮出してティーバッグを取り出す。
3 1、Aを加えて落としぶたをし、弱火でときどき返しながら10分煮る。冷めたら小分けにして保存袋に入れ、空気を抜いて冷凍する。

食べるときは

そのままか冷蔵庫で半解凍する。お好みでホイップクリーム、シナモンパウダーを添える。

冷凍で**3週間** ▶冷蔵で**4～5日**

レモンのはちみつ漬け

材料（作りやすい分量）

レモン（国産・ノーワックス）… 2個

はちみつ … 200g

作り方

1 レモンは流水でよく洗い、沸騰した湯に30秒くぐらせ、水けをふく。乱切りにして種は取り除く。
2 保存袋に1、はちみつを入れて袋の上からなじませ、空気を抜いて冷凍する。

食べるときは

そのままお好みで炭酸水や豆乳、牛乳で割ったり、紅茶などに入れる。

冷凍で**1か月** ▶冷蔵で**1週間**

著者

倉橋利江

くらはしとしえ　レシピ作家・編集者。

料理上手な母の影響で、小学生の頃から台所に立って料理を覚える。料理本編集者として出版社に勤務し、編集長として料理ムックの発行を多数手がけ、さらに大手出版社にて料理雑誌の編集に携わったのちフリー編集者に。独立後、これまでに75冊以上の料理書籍やムックを担当し、数々のヒット商品を送り出す。20年以上の編集経験から、料理家と読者の間をつなぐ存在でありたいと思い、仕事で学んだプロのコツと独自のアイデアを組み合わせた「手に入りやすい食材で、作りやすく、恋しくなるレシピ」を考案している。著書に料理レシピ本大賞【料理部門】第6回・第8回入賞の『作りおき＆帰って10分おかず336』『野菜はスープとみそ汁でとればいい』ほか、『やせる！作りおき＆帰って10分おかず330』『作りおき＆朝7分お弁当312』『野菜の作りおき＆帰って10分おかず332』『かんたん！味つけの黄金比 ポン酢とマヨは1：1がいい』『簡単シンプル！やみつきレシピ レパートリーは少なくていい』（いずれも新星出版社）などがある。NHK ラジオ『武内陶子のごごカフェ』にも出演。

STAFF

アートディレクション・デザイン
成田由弥（moca graphics*）

撮影
松久幸太郎

スタイリング
宮澤由香

撮影調理協力
伊藤美枝子

調理アシスタント
岩本英子　深谷いづみ

校正
高柳涼子

企画・構成
宮下舞子

構成・編集・文
倉橋利江

冷凍でおいしくなる！
かんたん作りおき Premium

2023年５月５日　初版発行
2023年６月25日　第２刷発行

著　者　倉　橋　利　江
発行者　富　永　靖　弘
印刷所　公和印刷株式会社

発行所　東京都台東区台東２丁目24　株式会社　新星出版社
〒110-0016　☎03（3831）0743

ISBN978-4-405-09441-3